港都神戸を造った男

《怪商》関戸由義の生涯

松田 裕之
Matsuda Hiroyuki

風詠社

目次

装幀　2DAY

はじめに

この希代の策士が神戸に現われたのは、明治四年早春のことである。

「三月廿四日　晴　曇　四字《ママ》前　県外務局　関戸良平様　少属　右出頭ニ而」

兵庫津の豪商北風家で大番頭を務めた喜多文七郎は、日誌にそう書き留めている。同家当主の正造貞忠《しょうぞうさだただ》は、この時期、兵庫県権大属を拝命していた。

「関戸良平」、諱《いみな》は由義《よしつぐ》。ある野心を抱いて兵庫県に赴任した。

すでに義弟の左一郎が、北長狭通《きたながさどおり》四丁目に、洋風校舎と校庭を備えた小学校を建てていた。

その威容は、世間の注目を集めた。

「ここが、わてらの足場になります」

左一郎は少し得意げな表情を浮かべる。

「おまえには、苦労を掛けたな」

由義は眼差しをやわらげ、頬をくずした。

「いやいや。これからやおまへんか」

おもろなるのは、と左一郎は張りのある声で答える。

「絶景をごらんにいれまひょか」

「うん」

邸を出て北西に登ると、途中に花隈城址がある。石垣に立って眼下を望めば、外国人居留地と日本人街、そして神戸港がひろがった。

「なるほど……。これが神戸の港か。まだまだこれからだな」

由義の眼は爛々《らんらん》と輝き、声には力がみなぎる。

「ところで」

と、左一郎はひと息吐《つ》いた。

「北風の旦那はんは、どないでした？　兵庫の北風か、北風の兵庫か、とまで云われる御方ですけど……」

県庁の上司となる豪商の名にも、由義は眉ひとつ動かさない。

「兵庫はもうよい。旧の名じゃ。これからさきは神戸を以て語れば足りよう」

と、こともなげに言い放った。

「まあ、北風家の金蔵《あそこ》は、ほどなく空になりますやろ」

義兄の言葉に、左一郎は満足げにうなずく。

「とはいえ、腐っても鯛……」

由義は左一郎の顔をちらりと見た。

「そやさかいに、大切に奉っとくんやおまへんか」

左一郎は口許に不敵な笑みをたたえている。由義は眼光を鋭くし、

「この山手にひろがる雑居地のなかで、めぼしい土地を二年のうちに買い叩くぞ」

と宣言した。

「そうなると、大きな金蔵が必要でんな。北風はんをはじめとして、地生えの商人《あきんど》は、このさきアテにはなりまへんで」

左一郎はさりげなく水をむける。

「北風はまだ少しは使えよう。だが、これからさきは、政府の公金をあつかう三井組や小野組に渡りをつけねばなるまい」

由義は左一郎のほうにむき直った。

「地面というものは、やり方次第でいかようにも値をつけることができる。儂《わし》はサンフランシスコでそのからくりを学んできた。二束三文の田畑が、あっというまに、千金万金に化けるからくりじゃ」

左一郎の肩に手を置くと、由義は高らかに笑った――

時代の転機に対峙し、おのが運を開かんとするふたりの漢《おとこ》の姿を、少し気取って小説風に描いてみた。やがて由義は左一郎と共謀し、都市整備と土地投機を複合した循環利殖商法によって神戸実業界に隠然たる地位を築く。

その手口はまことに巧妙、ときに貪欲な狡猾さものぞく。ために、後世は由義の事績を語り継ぐことにいささかの躊躇《ためらい》を覚えたのだろう。いま、彼をめぐる記憶は、砂浜に残された足跡のように、歳月《とき》の波に洗われ、消え去ろうとしている。

見方を変えればしかし、由義が残した足跡の消滅は、港都《みなと》神戸の原風景に大きな空白《ブランク》を作ることも意味する。思えば、神戸は王政復古の大号令に続く支配権力の不在期に、あわただしく開港場として出発した。これは、安政五（一八五八）年に欧米列強五カ国と締結した修好通商条約に則り、徳川幕府の指揮下で外国人居留地を中心とした市街造成が周到に進められた横浜とは、大きく異なる点だ。

結果として神戸は、外国人居留地を除く市街地造成に、当初から在野の人士の力を否応なく動員することとなった。その多くは、一攫千金を夢見て到来した野心家であり、神戸という空間《トポス》をみずからの創意と工夫に依りながら、文字どおり手作りしていく。

にもかかわらず、否、それゆえに、というべきか、黎明期神戸の都市整備の実態は、往々にして公的記録からこぼれ落ち、歴史の闇のなかに置かれたままだ。筆者は以前、その闇のなかから、加納宗七という人物を取りあげ、『草莽の湊　神戸に名を刻んだ加納宗七伝』として上梓した。加納は紀州和歌山城下出身の勤皇商人で、今日フラワーロードと呼ばれる豪宕《ごうとう》な南北幹道＝瀧道筋を敷いたことで名が残る。

いまは亡き国民作家の司馬遼太郎は「これ［瀧道筋の敷設―引用者］によって神戸市街の骨格

がであがった」と加納の偉業を評したが、じつはその裏には仕掛人がいた。ほかでもない、関戸由義である。

（現在の神戸市街の礎《もと》を築いたのは、この人物ではなかったのか。ならば、その事績を風化するに任せてしまってよいものか？）

という念《おもい》が湧きあがり、『草莽の湊』を書き終えた頃から、由義の調査にも着手した。けれども、神戸近代史の闇に紛れた由義の実像は摑みどころがなく、少しでも明瞭な輪郭を描こうと、史料を求めてあちらこちらに足を運んだ。

幸いにも、多くの方々から親身な協力や貴重な助言を賜り、謎と誤解に彩られた由義の生涯に、新たな光をあてる事実にめぐり逢うことが叶った。

古文書の判読も覚束ない経営学者には、いささか難事業となったが、ほぼ一年半を費やすと、由義は言うにおよばず、彼と同時代の神戸に関わったさまざまな人びとが、俄《にわ》かに立ちはじめる。筆者の胸に、

（やはり語り継ぐに値する、否、語り継がねばならぬ歴史である）

という確信が忽然と芽生えた。

海岸から山手に延び、沿道に宅地を整備した南北幹道＝フラワーロード、居留地跡と神戸駅をむすび、金融商業街を配した東西幹道＝栄町通、そして鉄道線路以北にひろがる高台住宅地とそこを碁盤状に走る街路――神戸を象徴する風景は、いったいどのような人たちの思惑に

よって造られたのだろうか。官民連携した市街造成をめぐる駆け引きは、じつのところ「株式会社」の異名をとる、現在の神戸市政にも色濃く反映している。

それだけではない。由義とその一族の足跡は、我々の祖《おや》たちが旧秩序の崩壊とそれにともなう価値観の急変を、いかにしてみずからの好機に変え、新時代に足場を築こうとしたのかを伝える、刺激と魅力に溢れた家族の物語《ファミリー・ヒストリー》でもある。

身分と分際が支配する時代の終焉に衝撃を受けながらも、四民平等を謳う世での立身出世へとつらなる梯子《はしご》に殺到したのは、「これを登れば陽の目を見られる」と奮い立った人びとだ。そのうちのある者は、おのが身に授かった小石を才覚やら技能やらに磨きあげることで、思わぬ世間歩きをさせられてしまう。由義も、そうした人間のひとりにほかならない。

罪を犯して故郷越前を追われた由義は、京都から江戸に出て医者を名乗り、明治維新前夜の混乱に乗じてサンフランシスコに密航する。同地で書画骨董の取引によって巨利を博すと、帰国後は官途に就いて、神戸進出の足掛かりを築いた。そして、海外経験を武器に、兵庫県庁の闇将軍として貿易行政や市街造成に辣腕を振るう――

一見華麗な経歴とも映るが、その内実は必ずしも胸躍るような明るいものではない。この点は、最初にお断りしておかねばならない。ときに由義は「言うを憚《はばか》る」ような行為も辞さず、また駆使した権謀術数も数知れず。同じ神戸が舞台でも、朝の茶の間を愉《たの》しませる良家の令嬢の微笑ましい奮闘記とは対極に位置し、悪漢譚《ピカレスク》や黒歴史《ダーク・ヒストリー》の匂いも漂う。

にもかかわらず、敢えてこの異端児を取りあげるのは、堆肥が混じるドス黒い土の如き役割を担う人間なくして、その後の神戸にいかなる夢もロマンも開花しなかった、と思えるからだ。筆者がこれから語るのは、花ではなく土の物語である。セレブの華やかな成功譚《サクセス・ストーリー》も、奇譚《ゴシップ》と醜聞《スキャンダル》をちりばめて造成された都市空間が奏でる鼓動の、ささやかな一小節にすぎない。

奇しくも、神戸開港一五〇年は、近代日本の出発点となった明治維新から現在にいたる一五〇年と重なりあう。西の「文明の窓口」となった黎明期の神戸と、現代日本の原点となった明治の日本とを、由義の生きざまに寄り添いながら訪ねてみるのも一興ではないか。

独りで訪ねるのではない。同時代《いまこのとき》を生きる多くの人たちと、奇才の人生行路をたどる旅をともにできれば、筆者にとって望外の喜びである。

［年号・年次の表記］

明治五年一二月三日＝明治六年一月一日＝一八七三年一月一日に太陽暦が採用される以前、西暦の月日と日本の年号の月日は一致しない。しかも、「明治」と改元されるのは、慶応四年九月八日＝明治元年九月八日＝一八六八年一〇月二三日である。ために、本論ならびに巻末の関戸家略年譜でも一八六八年については、慶応四年と明治元年に分けている。太陽暦採用以後については、年月日が元号と西暦で一致することになる。

［引用文の表記］

公文書・日誌・書簡といった一次史料および古書類からの直接引用については、「　」で括り、かなづかい・句読点・濁点・漢字の表記を原文の記載どおりとした。

［地名の表記］

地名は当時の表記のあとに、適宜、現在の地名を付した。なお、難読地名については、正確な読み方がわかる範囲でルビを振った。ただし、鉱山や間歩（坑道）の名称については、正しい表記並びに読み方が不明なもの［「鳴出」「立鉉」「厚朴」「珍幸」「石金」「大金」等］もあり、その場合は難読であってもルビを振らなかった。

［典拠史（資）料と参考文献］

主な典拠史（資）料と参考文献は、巻末に参考文献一覧を設けて記載した。また、図版1～21についても、巻末に図版出典一覧を設けて、所蔵元を記載している。本書執筆にあたり使用した数多くの史資料と文献を、いちいち詳細に記すことは物理的に困難である。よって、内容を直接引用した場合に限り、文中に出典を明記することとした。

第一章　謎の前半生

誤伝の源

　関戸由義の名と事績を最初にあつかった文献は、神戸開港三〇年を記念して刊行された村田誠治編『神戸開港三十年史』（以下『三十年史』）乾・坤二巻である。史書という体裁をとりながらも、貿易港と外国人居留地を擁する神戸の同時代史的な記録としての価値も備える。その乾巻は、由義の来歴を簡潔に記している。

「此当時〔明治五〜七年頃―引用者〕専ら市街道路の開鑿に就《マ》て《マ》、設計監督の責に當りたる者を少属關戸由義と為す、彼は福井の産にして、頗《すこぶ》る機慧《きけい》の資質あり、慶應の末、諸大名より拂われたる巻繪の箱類、その他日本美術的器具と紙鳶《しえん》とを携へて、横濱より米國桑港《サンフランシスコ》に赴き、非常なる大利を博し、（中略）神戸に移住したる者なり」

　出典の明記はないものの、由義の故郷はたしかに越前福井である。そのあと刊行された神戸市役所編纂『神戸市史本編総説』・『同本編各説』にも、由義に関する記載が数件見られるが、いずれも『三十年史』の記載を踏襲したものだ。

由義の本格的な評伝は、ようやく昭和八（一九三三）年に登場する。『三十年史』編纂にも参加した川嶋右次《ゆうじ》こと禾舟《かしゅう》が、同年六月発刊の『兵庫史談』第二巻第六号に「關戸由義氏事蹟一斑」（以下「事蹟一斑」）を発表した。

これは由義と親しかった安藤行敬〔福山藩出身。兵庫倉庫会社、神戸桟橋会社、神戸貯蓄銀行の重役を歴任〕の回想録を下敷きにしたもので、由義の写真〔図版1〕も掲載している。いまに残る唯一の肖像であるが、出典は明記されておらず、「伝」との断りを付さざるをえない。

図版1　伝・関戸由義肖像

「事蹟一斑」が取りあげたのは、栄町通と山手街路の敷設、城ケ口共同墓地の開設、賦金制度と貿易五厘金の整備、貿易会所の開設といった都市整備と貿易行政に関わるものである。

付言すると、「事蹟一斑」の存在は、いままでほとんど知られていなかった。じつはこれが掲載された当時、『兵庫史談』は存続を危ぶまれていた。また、刊行の形式も新・旧の転換途中にあったことから、発行部数が僅少だったのである。

戦後になると、『兵庫津北風家惣支配役　喜多文七郎日誌』を編纂した石阪孝二郎が、そのなかの脚注部で由義の経歴を紹介した。かねてから川嶋に師事していたこともあり、「事蹟一斑」の簡潔なまとめとなっている。

「関戸由義は福井の産、慶応末年渡米し、桑港に暫《しば》し滞留の上帰朝した所謂《いわゆる》当時の洋行帰りであったので、兵庫県外務事務局に於《おい》て大いに手腕を発揮し、彼の献言、発案は総て用ひられた。その事績としては、栄町道路、山手道路の布設《ママ》、城口《ママ》墓地の設定又《ママ》は公費充当の為の資金として商業鑑札料を徴し、或ひは五厘金と称する貿易賦金を定め、輸出入品原価の千分の五を徴して神戸に於《おけ》る学校、警察、道路、下水等の費途に供用し、地方税の施行に至るまで実行せられた。かく関戸由義は新智識の有能人であり乍《なが》ら在職数年にして職を辞したのは、其の官にあるよりは、寧《むし》ろ民間に居て専ら神戸の発達を賛《ママ》画するの勝れるに如かずと考へたからである。従て退官後も氏が県に出庁すれば前官の待遇を受けたと伝へられる。明治廿一年八月十七日歿享年六十歳（後略）」

ついで、民俗学者の赤松啓介が『神戸商工会議所報』に掲載した「都市計画の先覚　関戸由義」（以下「先覚関戸」）がある。これはのちに赤松が『神戸財界開拓者伝』（以下『開拓者伝』）を刊行した際、七七人の小伝のひとつとして収録された。

「先覚関戸」は紙数において「事蹟一斑」を凌駕するものの、じつは大きな問題を内包している。それは、『開拓者伝』の収録作が全て、古書店で入手可能な二次文献——赤松自身は「執筆に際して古書店廻りで約二万冊の神戸経済産業関係資料を蒐集、これらをもとに各人物の事績を描いた」と自負するが——をもとに編まれたことから生じた。赤松はみずからの執筆作法を左のように明言している。

「開拓者伝は人物の戸籍的調査を一切避けている。各種の人物伝記を読むと、同一人物についての出生地、生年月日すら異なるものがあった。これはその著作者の探査不足というよりも、むしろ本人自身が明確にしなかったのであろうと思われるものもある。（中略）あえて調査の繁を厭うたわけでなく、ただその必要を認めなかったまでである。（中略）その人物の父祖、誕生、成長の秘事、あるいは出身地の環境まで剔出し、それが後年の人格形成や事業の経営にまで影響を与えるとみて、仮借なく暴露する風が増えてきた。そうした必要のあることもわかるが、しかし単なる好奇心の挑発、あるいは読者への過剰な媚態というべきものも多い」

たしかに情誼をわきまえた作法にはちがいないが、結果的にはこの作法と二次文献のみに頼ったことが相俟って、致命的な誤りをもたらした。

「先覚関戸」執筆に際して、赤松は『三十年史』や『神戸市史』に見られる「関戸由義」と「関戸慶治（関戸敬次）」という姓名の無造作な併用に疑問をはさむことなく、「関戸由義また啓次、慶次とも書く」という根拠なき一節を記したのである。

啓次・敬次はいずれも当て字であり、筆者が実見した公文書類にはことごとく「慶治《けいじ》」と表記されている。そして、何よりも、由義と慶治はまがうかたなき別人、のちにふれるように父子――慶治は由義の長男――の続柄であった。

そもそも特定の人物の生涯を読み解こうとするとき、その出自や生まれ育った環境を問わずして、いかなる解釈が可能であるのか。唯一可能なのは、「あるとき、突如として、とてつもない才覚を備えた人間が現われ、余人を以ては不可能な仕事を見る見るうちに成し遂げた」という、予定調和的な英雄談義しかないだろう。

明治維新前夜の混乱期に開港した神戸では、内外の野心家たちが絶え間なく盛衰をくりひろげた。その結果、個々の実業家に対する評価が定まらず、彼らに関する腰を据えた調査研究が大幅に立ち遅れる。戦前には、『三十年史』や『神戸市史』における断片的な記述を除くと、わずかに本郷直彦『神戸権勢史』があるだけ。戦後三〇年以上を経て刊行された『開拓者伝』が、現時点において当該分野の決定版とされていること自体、その顕著な証左といえる。

しかしながら、個人情報保護の壁がいまだ低かった時代に、赤松が少しでも来歴調査をおこなっていれば、と嘆いても仕方がない。こと関戸由義については、これから解き明かしていくように、二重三重の仕掛けをその生涯に潜ませており、二次文献の蒐集程度では、太刀打ちできる対象《あいて》ではないからだ。

さて、前置きがいささか長くなった。要するに、『三十年史』から「先覚関戸」までの文献史的フォローであきらかとなるのは、郷里の越前福井から活躍の地神戸にいたる由義の四〇年間が、これまでほとんど語られてこなかった、という事実である。ありていに言えば、裏づけとなる史料が見当たらず、謎のまま放置せざるをえなかった、ということだ。
けれども、筆者はほぼ二年半をかけた取材のなかで、ようやくこの失われた環《ミッシング・リンク》をつなぐ決定的な史料を発見した。これにもとづいて、由義とその一族が神戸に入るまでの、奇妙な因縁に彩られた半生を描き出していこう。

戸籍詐称　由義の来歴に関する最も重要な史料、それは三井家記録文書〔三井文庫所蔵〕のなかにひっそりと眠っていた。『關戸由義關戸左一郎戸籍写』（以下『戸籍写』）と『關戸左一郎身分内密取調書』（以下『取調書』）である。

明治一七（一八八四）年、関戸左一郎が貸金返済をめぐって、三井銀行京都分店に対する訴訟を起こした。右掲はいずれも、同行が裁判のために準備した機密文書であるが、いまは申請によって閲覧できる。

まずは、『戸籍写』〔明治一四年四月八日致印〕に目をむけると、「北長狭通四丁目二十番邸　鑛山商」関戸由義は、「文政一二〔一八二九―引用者〕年十月廿五日生」まれで、「父越前国足羽郡《えちぜんのくにあすわぐん》福井士族山本正伯亡二男」〔「亡」は「故人」の意。以下同様〕となっている。また、その妻婦さ〔『取調書』では「フキ」となっているが、「ふさ」が正しい。以下「フサ」と片仮名表記〕は、「越前国足羽郡福井士族山口作右ヱ門亡二女」で、「天保十〔一八三九―引用者〕年四月十一日生」まれである。

ふたりの間には、「慶應元年七月廿六日生　長男」慶治、「明治四年三月廿九日生　二男」春雄、「明治八年五月七日生　三男」五三良（郎）、「仝《どう》九年十二月廿二日生　四男」陽一という四人の男子がいる。

『戸籍写』には、由義の一家とは別に、「同町〔北長狭通―引用者〕二十一番邸　商」関戸左一郎とその妻子の名も記載されている。さきほどより、筆者が由義の義弟としている左一郎は、「天保十四〔一八四三―引用者〕年二月七日生」まれで、「父越前国足羽郡福井士族山本正伯亡三男」とある。つまり、戸籍上は、由義の実弟なのだ。

にもかかわらず、なぜ筆者は左一郎を由義の義弟と称するのか。ここでは敢えて即答を避け、もう少し話を進めていこう。

じつは『戸籍写』を発見する前、筆者は神戸市追谷墓園に立つ「關戸由義墓」〔以下、「由義墓」〕を調べ、その中台部に刻まれた墓誌に「關戸慶治」、「村瀬春雄」〔二男の春雄のこと。明治一六年村瀬家に養子入り〕、「關戸五三郎」、「關戸陽一」、「關戸房子」〔フサ〕そして「關戸左一郎」とその長男の「關戸雄治」の名があることを確認した。また、墓前の献灯二基には左一郎の長女である「關戸直子」の刻銘もあった。墓誌に照らしたところでは、『戸籍写』には何ら問題がないように思えた。

ところが、『戸籍写』の記載には、予想もできない秘密が隠されていたのである。これを暴いたのが三井銀行京都分店による内偵調査であり、『取調書』はその結果をまとめたものだ。

それによると、『戸籍写』に記載された関戸一族のうち、三人がみずからの出自を詐称していたという。該当者は、由義とその妻フサ、そして左一郎であった。

『戸籍写』の原本が作られたのは、明治六（一八七三）年四月頃であろう。このとき兵庫県は戸籍編成法を制定、神戸・兵庫地区を六区〔第一区兵庫岡組、第二区兵庫北組、第三区兵庫南組、第四区神戸上組、第五区神戸中組、第六区福原郭〕に区画して戸籍調査を開始している。ただし、その徹底性と厳密性には疑問が残り、ほぼ自己申告どおりに戸籍登録されたと考えられる。

右記三人による詐称の内実を記した『取調書』は、これまで全く語られることがなかった、神戸進出までの由義の半生記となっている。だが、あくまでも短期間の調査にもとづく報告書であり、隔靴《かっか》掻痒《そうよう》の感も残る。内偵にあたった人物――当然のことながら姓名記載はなし――も、この点は率直に認めている。

そこで、いまだからこそ入手できる史料や知りえる事実によって、『取調書』の記載を補筆修正しながら、由義とその一族の出自にメスを入れていく。

最初に、『取調書』の概略を紹介しておこう。身元調査の対象となったのは、書名のとおり、三井銀行京都分店に対して訴訟を起こした関戸左一郎であり、同行が内偵者に依頼した調査項目は左の六件。

（一）左一郎が福井士族の故山本正伯の三男とあるのは本当か、（二）左一郎の兄とされる由義は、故山本正伯の二男とあるが、兄弟ともに山本姓をもちいていない。本当に両名を山本正伯の実子兄弟と見てよいのか、（三）左一郎・由義が関戸姓に改姓したのは、いつ、どういう理由からか、（四）左一郎・由義の本当の出自とは、いかなるものか、（五）由義の妻フサは、本当に福井士族の故山口作右ヱ門の二女なのか、（六）山本正伯の相続人の姓名、職業、そして生活水準はいかなるものなのか。

これらに対して、内偵者は「捜索原証」という報告書を作成している。要約すると、左のとおりである。

越前福井城下呉服町《しもごふくまち》「現在の福井県福井市春山二丁目付近」の薬種商輪違屋《わちがいや》の分家四代目平兵衛は、煎薬業を営んでいたが、何らかの事情があって、亀屋町「現在の福井市春山一丁目付近」の藩医山本正伯のもとに乳母奉公していた女性を妻に迎えた。やがてふたりの間に男子が生まれ、良平と名づけられた。これが関戸由義の幼名である。

良平は物心ついた頃から、山本正伯のもとに卑僕「下男」として奉公する。だが、父平兵衛の死去にともない、城下某町より妻を娶《めと》って輪違分家を相続し、輪違良平と称した。以降、本家の輪違弥一郎宅にかよって、煎薬・製薬の仕事に励む。

本家には当主の弥一郎夫婦、その長男と次男の夫婦が暮らしていたが、良平はいつしか次男の妻と密会を重ねる仲となった。しかし、あるとき、事が露見し、良平は弥一郎の告訴によって投獄される。そして、数カ月の詮議を経て、家財没収のうえ越前追放の刑に処された。

妻と離縁し無一文となった良平は、ひとり福井城下を去って京都に流れ、同地の按摩師の食客となる。ほどなく、その家の女性フサの婿に迎えられた。なお、フサが按摩師本人なのか、その娘であるのかは、判然としない。フサを福井士族山口作右ヱ門の娘とする『戸籍写』の記載は、詐称の可能性が高い。

やがて良平とフサは京都を去って江戸に赴き、良平は素人医者を開業するが、その折に関戸由義と名乗りはじめた。関戸姓は、妻方の姓と考えられる。

良平改め由義は洋行した後、大坂府中属を拝命したが、任官中に福井旧知事［松平慶永（春嶽）と思われる］と相謀り、神戸で事業をおこなうべく奔走した。フサの実弟である左一郎は、その間、由義より長男慶治の後見を託された。左一郎は『戸籍写』の記載とは異なり、由義の実弟、つまりは山本正伯の三男ではなく、由義の妻フサの実弟なのである。

なお、由義と山本正伯は、いまも親密に交際している。輪違弥一郎は由義の追放後、親族の一人に輪違分家を改めて興させ、平兵衛を名乗らせた。由義は当代の輪違平兵衛に対して、しきりに交際を求めたが、平兵衛は全く相手にせず、両者の間の交際は皆無である。

驚くべき内容と言わざるをえない。先掲六件の調査依頼項目を、「捜索原証」の要約に照らすと、(一) 左一郎が山本正伯三男というのは詐称である、(二) 由義が山本正伯の二男というのも詐称である。また、由義と左一郎は実の兄弟ではない。だが、戸籍上、山本姓を称するに際し、由義と山本正伯の間に何らかの了解があったとも思われる、(三) 関戸姓は、由義の妻フサの実家、つまり京都の按摩師家の姓と考えられるが、由義がそれをもちいはじめた時期は定かでない、(四) 左一郎は由義の妻フサの実弟である。由義のほうは福井城下の薬種商輪違平兵衛の子で、幼名を良平と称したが、家督相続後に姦通罪に問われて追放刑に処された、(五) 由義の妻フサは京都の按摩師家の出身であり、福井藩士山口作右ヱ門の二女というのは詐称である、となる。

なお、(六) については、山本家の戸籍写が「捜索原証」に添付されており、現当主の山本匡輔《こうすけ》は山本正伯改め山本正〔読み方は、当初「ただし」、のちに「まさし」〕の長男となっている。

以上について再度確認しておくと、由義と左一郎、そして由義の妻フサは、戸籍原本作成にあたり、それぞれ自身の出自に関して虚偽の申告、すなわち、詐称をおこなった。にもかかわらず、詐称加害者の由義と詐称被害者の山本家は親密な交際を続けている。

どうやらこの詐称は、前科持ちの元商人が前歴を秘匿して過去を清算し、あわせて世間体を繕う、というありきたりの動機によるものではなさそうだ。とすると、問うべきは、由義、あるいはその前身たる輪違良平と、戸籍上の「実父」に仕立てられた山本正伯との縁故に秘められた真相であろう。

出生の秘密　まず、山本正伯という人物を取りあげる。長野栄俊氏〔福井県立図書館〕が筆耕・提供して下さった松平文庫〔福井県立図書館保管〕収録『姓名録』の記載によると、山本家は「延享三〔一七四六―引用者〕年十月十一日被召出」の初代正伯より続く「御目医師」、つまり眼科専門の藩医である。

その家系において、関戸由義こと輪違良平とのつながりを問う場合、最初に浮上するのは、同家第三代の関竜輔《せきりゅうすけ》。越前で活躍した人物の浩瀚《こうかん》な評伝集成である福田源三郎『越前人物誌』中巻にも、「（竜輔は）橘宗賢二男たり、出て山本氏を嗣ぐ、本姓、闢戸、前世故あり今の氏に更《ママ》む、明霞〔竜輔の号―引用者〕又舊姓を用ひ單に闢の一號を以て闢氏と呼ぶ」とある。北庄《きたのしょう》時代〔織田信長旗下の柴田勝家の統治時代〕より続く越前福井の名流橘家より山本家に入った竜輔が、元姓「闢戸」の一文字を採った「闢」に改姓したのは、天明四（一七八四）年一二月二八日のこと。

竜輔は寛政九（一七九七）年五月一〇日に奥御目医師を拝命するが、狷介《けんかい》な性格が災いしてか、閉門や遠慮の処分を数度受け、享和元（一八〇一）年三月六日には蟄居となっている。これを機に、竜輔は養子の関彦輔《せきひこすけ》〔長谷川久右衛門の三男〕に家督を譲って退隠した。

このように、関戸を本姓とする人物が山本家に存在したことは、輪違良平がのちに関戸の姓を名乗った背景としてまことに興味深い。『取調書』は、関戸姓を、福井追放後に良平が婿入りした京都の按摩師家のものと報告しているが、これはあくまでも内偵当時の推測にもとづく。

したがって、輪違良平が改名にあたり、関戸姓を選んだのはなぜか、という疑問は残る。そもそも戸籍登録に際して「山本正伯亡二男」と詐称するくらいなら、それ以前の改姓時に山本姓をもちいておけばよかったのではないか。

そこで、つぎに良平の母が奉公していた頃の山本家当主、関彦輔を取りあげよう。彼は竜輔から家督を継いで山本家第四代当主となり、表御目医師を拝命。そして、文化三（一八〇六）年一二月二八日、山本姓に復して第四代正伯を名乗る。文政二（一八一九）年九月五日には本道［漢方では内科をこう称する］を兼務、同四年六月二九日には御匙医師・奥御目医師兼務を拝命している。

彦輔こと第四代正伯の長男で、のちに山本家第五代となる温《ゆたか》は、文政元年一月七日生まれである。よって、良平の母が授乳・養育にあたったのは温ではなく、その弟か妹と考えられる。一般に乳母は乳持ち奉公とも称され、自身の母乳を資本に生活の糧をえる女性奉公人を指す。ために、乳量の豊富な、出産まもない女性を雇うことが通常であった。仮に良平の母が温の乳母であったとすれば、良平の誕生が文政一二年一〇月二五日のことであるから、少なくとも一〇年以上も温の乳母を務めたことになる。さすがに不自然の感を免れない。

だが、それにも増して不自然さが漂うのは、乳母奉公中の女性が輪違平兵衛の妻となったことである。これに関して『取調書』は、「事故アリ妻トナシ［事情があって妻に迎えた］」とだけ断り、平兵衛と山本家の乳母との馴れ初めや結婚の時期を特定していない。そして、ふたりの間に男子＝良平が誕生〔『戸籍写』では、文政一二年一〇月二五日〕したことを記し、これを以て「関戸由義が故山本正伯二男と称するのは偽り」と結論づけている。

だが、本当にそうなのだろうか。乳母には、生活苦から自身の子を捨て、他人の子の授乳・養育を請け負う道を選んだ女性が多い。良平の母もそうした女性だとしたら、奉公中に輪違平兵衛の妻となっても、わざわざ「事故アリ」と断る必要などなかろう。そう考えると、「事故」には、良平こと関戸由義のその後の人生行路を決するような、もっと重要な事実が蔵《かく》されているのではないか。

『取調書』によると、良平は物心ついた頃より、山本家に「卑僕〔下男〕」として奉公している。『姓名録』や『越前人物誌』によると、温が山本家の家督を継ぐのは嘉永元（一八四八）年一二月一八日であるから、良平が奉公した当時の山本家も、第四代正伯が当主であったろう。つまり、母子二代での奉公ということになる。

ここで、輪違平兵衛が跡継ぎ良平の奉公先として医業の家を選んだことに、何某《なにがし》かの違和を感じずにはいられない。平兵衛は薬種取引で山本家に出入りしていたから、当然、「自家と山本家がともに代替わりした後も取引関係を保ちたい」という打算が働いたはずだ。だが、それならば平兵衛が山本家に出入りする際、良平を同伴して山本家の人びとに親しませながら、薬種商売の要諦を仕込むほうが得策であろう。

そうすると、幼い良平が山本家に下男奉公したのは、自家業を継ぐためではなかろう。むしろ、山本家の家業たる医術を学ぶためだった、と考えられないか。

当時、医師となるには、①自分が住む地域の手習い師匠から基礎的な教養を学ぶ、②近隣の町や村の医師のもとに弟子入りし、医学の初歩を習う、③やがて師匠の同意がえられると、さらに高度な技術を学ぶために近くの都市へ出むき、医学塾で鍛錬する、④三都〔江戸・京都・大坂〕や長崎といった医学先進地に遊学する、という手順を踏むのが一般的であった。

これに照らすと、良平の下男奉公は、実質的に①・②の段階に相当するだろう。父平兵衛は「将来、良平が医師になれば」という期待も、密かに抱いていたにちがいない。けだし、身内より医師が出れば、薬種商としてはますますの繁盛と安泰が叶えられる。家業の跡取りは、新たに養子を迎えれば済むことなのだから。

このような平兵衛の将来設計にはしかし、なおも疑問が残る。家業安泰にとって不利にはならぬものの、敢えて跡継ぎを他業に就かせようとする選択は、ひとり平兵衛だけの意志によるものなのか。

筆者は、右のような平兵衛の期待が、実際は「良平に医師修業をさせればどうか？」という山本家、ありていに言えば、第四代正伯の提案から生じた、と推測する。その理由はひとつ。すなわち、良平は輪違平兵衛の実の子ではなく、第四代正伯と乳母との間にできた子である、ということだ。

正伯は乳母奉公に入った女性を過って懐妊させ、この不始末の処理を輪違平兵衛に依頼した。

藩医の地位と名誉を守るために、醜聞の芽は絶対に、また慎重を期して摘まねばならない。正伯の依頼を受けた平兵衛も、自家の行く末を考えてこれを受けた。

そのとき、正伯は後始末の承諾に対する見返りとして、平兵衛と乳母に「生まれてくる子の将来の保証」を約し、良平が物心つくとすぐに、下男奉公という名目で自分の手許に置いて医師修業をおこなわせた。そして、良平の処遇に関する事柄一切を、跡継ぎとなる温にも申し伝えた。やがて老境に入って足腰が弱った第四代正伯は、温に家督を譲ったあと、さらに一〇年を生きて安政六（一八五九）年一月一九日に世を去る。享年七八歳。

第五代山本正伯となった温は、表御目医師から奥御目医師に昇進し、また藩営除痘館にも出仕して精勤を称され、慶応二（一八六六）年一二月一六日には奥御医師格を拝命している。明治維新後は、正伯から正に改名、福井医学所病院に勤務した。そして、良平こと関戸由義存命中の明治一五（一八八二）年四月一〇日、六四歳で死去している。

第四代正伯は父として、第五代正伯は腹違いの兄として、父子二代にわたり良平、つまり由義を密かに支援した。このように筋立てれば、由義が戸籍登録に際して、「山本正伯亡二男」と記したことは、じつのところ詐称にあたらない。内偵者は、当時《リアルタイム》において、この事実を摑み切れなかったのである。

右は筆者の推測であるが、輪違良平が関戸由義として名を馳せる過程で経る幾つかの転機に照らせば、蓋然性は決して低くない。この男は人生の岐路に立つたびに、一介の町人では甚だ困難と言うにやぶさかでない挙に打って出る。

無論、本人の才覚もあったであろう。だが、それらはいずれも、福井藩の有力筋につながる人間の存在とその支援なくして、実現が覚束ないことであった。そこに藩医として越前松平家に仕えた山本正伯父子の存在が、おのずと浮かびあがってくる。

最初の転機は、良平が平兵衛の死去によって医師修業を断念、妻を迎えて輪違分家を相続したときに訪れた。そこからサンフランシスコ密航――『取調書』では「洋行」と記されている――を果たすまでの道のりについて、章を改めて追跡していこう。

第二章　失態と下積み

越前追放

福井城下で薬種商を営む輪違屋には、本家と分家があった。前者の当主は弥一郎を代々世襲し、後者は本家から暖簾分けを許された初代平兵衛が興したものだ。どちらも北陸道を北上する京町から呉服町にいたる福井城下最大の繁華街に店舗を構えていた。『取調書』が由義の実父とした輪違平兵衛は、分家の第四代当主である。

江戸中期以降、各藩城下の知識層を中心に、学究的な関心をきっかけとした、多様な講や会が催された。医薬分野でも医按〔治療法研究〕会・薬品会が各地で開かれ、医師だけでなく薬種商も積極的に参加している。

福井藩においても、文政二（一八一九）・天保三（一八三二）・天保一三（一八四二）年の計三回、医学所〔藩営の医師育成機関〕で薬品会が開催され、藩医・町医・在村医はもとより、薬種商、一般の武士、商人も多数訪れた。天保一三年の薬品会には、第四代正伯や温とともに、良平と平兵衛も参加したことだろう。

「正伯先生の言う事をよく聞いて、しっかりと励めよ」

平兵衛は良平への期待を口にする。

「はい」

良平は父の言葉に元気よく答えた――

そんな光景も目に浮かぶが、平兵衛は良平の前途を見届けることなく、この世を去る。良平が第四代正伯のもとで医師修業に励んだ期間は定かでないが、亡父に代わり輪違分家を継ぐために、妻を娶って輪違良平を名乗った。

これを良平が二十歳《はたち》前後のこととすれば、弘化四〜嘉永四［一八四七〜一八五一］年頃にあたり、福井城下にも時代の変革を告げる足音が微かに聞こえつつあった。ここでしばらく、由義が「輪違良平」時代を過ごした福井藩の沿革をたどっておく。

慶長五（一六〇〇）年、徳川家康の次男である結城秀康《ゆうきひでやす》が、関ヶ原合戦の恩賞として越前六八万石を拝領、足羽川を北に渡った北庄に居城を構えた。これが越前松平家の創始であり、加賀・能登・越中三国一一九万石を領有する前田家に次ぐ大大名の誕生であった。

だが、家運は菊池寛の小説『忠直卿行状記』で有名な第二代藩主松平忠直の乱行によって早くも傾く。そして、代を重ねるにつれて、拝領石高は五二万石、さらに二五万石へと削減される。享保六（一七二一）年、第八代藩主松平吉邦の死後、兄の越前松岡藩主松平昌平が宗昌と改名、第九代藩主となる。その結果、福井藩は松岡藩五万石を併合して三〇万石となり、松岡藩士も続々と福井に移住、城下はようやく往年の活気を取り戻した。

以降、福井松平家は、家康直系の名門譜代であるにもかかわらず、石高も家格も一般大名と同等のまま幕末を迎える。ちなみに、弘化四（一八四七）年時点で、同家石高は三二万石、武家と町人を合計した福井城下全体の人口は約三万五千人であった。

この時期、福井藩の財政は逼迫し、借財総額は九〇万両余にものぼった。その再建に挑んだのが、天保九（一八三八）年、徳川御三卿のひとつ田安家から越前松平家に養子入りした松平慶永《よしなが》［図版2］。後世、春嶽《しゅんがく》の号でも知られる。

「眉目秀麗にして度量大」と評された慶永は、門閥に関係なく有為な人材を登用した。そのうえで、当世屈指の経綸家横井小楠を肥後熊本から招き、財政に通じた若手藩士の育成も進める。洋学教育に力を入れ、藩校明道館［のちに明新館と改称］や洋書習学所も創設した。

とりわけ洋学の中核となる医学については、伝統的な漢方にくわえて、蘭方を積極的に導入する。たとえば町医笠原良策による種痘法［牛痘を接種し、天然痘＝疱瘡《ほうそう》への免疫力をつける予防法］の普及に多大な支援をおこない、亀屋町に除痘館を開設した。第五代正伯がそこに勤務したことは、すでに述べたとおりだ。

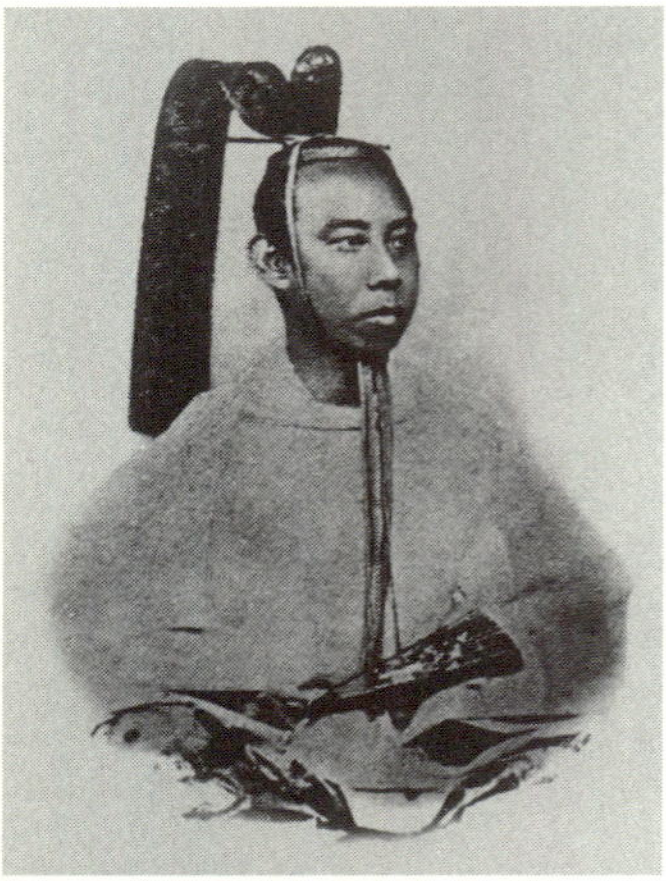
図版２　松平慶永（春嶽）肖像

（なんとえらい御殿様だ。除痘館ができてからというもの、疱瘡の流行もなくなったし、疱瘡で亡くなった死骸《むくろ》を載せた大八車もめっきり見

掛けなくなった）

慶永が起こした革新の風を、良平も肌で感じたことであろう。後年、この名君と交際するとは、このときの良平は知る由もない。

さて、良平が輪違分家を継いだ頃、慶永は開国問題に揺れる幕政にも関与していた。そして、尊王敬幕を基調とする開国論を唱え、雄藩連合と公武融和を画策しつつ、英明な将軍の擁立を実現しようと、一橋慶喜を継嗣に推す。

これが徳川慶福《よしとみ》［のちの第一四代将軍徳川家茂］を継嗣に推す井伊直弼ら南紀派との対立を呼んだ。安政五（一八五八）年、慶永は幕府大老を拝命した井伊から隠居謹慎を命じられる。やむなく家督を糸魚川藩主松平茂昭《もちあき》に譲り、自身は江戸に閑居、冬の時代を過ごした。

だが、万延元（一八六〇）年、井伊が江戸城桜田門外において水戸・薩摩浪士の襲撃を受けて落命すると、慶永はふたたび幕閣に復帰。政事総裁職として幕末維新の難局に対峙していく。

幕府軍艦奉行の勝安房守《かつあわのかみ》が摂津国八部郡《やたべぐん》の寒村神戸村に海軍塾を創設する際、一介の浪人であった坂本龍馬を介して、これに五千両もの大金を融資した逸話《エピソード》も、この頃のものである。

要するに、幕末の福井藩は名実ともに慶永の時代であった、と言ってよい。米穀収穫から貿易・商工業へと藩財政の基調を移行させた慶永の改革は、福井城下に従前以上の活気をもたらした。大店《おおだな》ひしめく城下最大の繁華街に店を構える輪違屋も、当然、この改革の恩恵にあずかったことだろう。

家督相続後、良平はしばらく輪違本家で煎薬や製薬の仕事に明け暮れていたが、通い分家の我が身に忸怩たる念《おもい》も湧いてきた。もともとが自信家なのだ。

（儂《わし》は医も修業し、薬種にも精通している。たとえこのさき、蘭方が幅を利かそうとも恐るるに足りまい。この儂の代で分家の身代を倍にしてみせる）

そんな野心も胸中芽生える。

（そろそろ分家の五代目となり、平兵衛襲名と洒落込むか）

魔はしかし、人が順風満帆な刻《とき》にこそ、静かにその頭《こうべ》をもたげてくる。良平はおのが才覚に酔い、取り返しのつかない失態を犯すこととなった。

『取調書』には、時期不詳であるが、良平が本家次男の妻と密通を重ねた、とある。現在で言う浮気や不倫は、江戸期において、裁きの対象となった。ただし、不義密通は被害側——妻を寝取られた夫——が訴えない限り表沙汰にならない。また、密通現場を押えない限り、奉行所等が当事者の関係を見極めるのは容易でない。

したがって、通常は、当事者間か双方の家主や地主の立会いのもと、加害・被害双方が話し合い、そこで和解が成立しない場合にようやく訴訟となった。もっとも、下手に訴訟を起こせば、「家の恥」を世間に公表し、武家の場合には当主の「家内不取締り」を理由に減俸などの処分を受けることがある。また、商家でも世間体が悪くなることで店の評判が落ち、藩関係筋への出入差止等が起こると、商売に支障をきたす危険もある。

ところが、『取調書』によると、本家当主の弥一郎は、良平を「其筋」、つまり奉行所に告訴した。投獄された良平は、数カ月におよぶ詮議の末、一国追放と家財没収の沙汰を受けた。輪違分家はここに閉店を余儀なくされる。良平は無一文となり、妻とも離縁せざるをえなかった。

いささか穿った見方をすれば、弥一郎は本家当主として、良平母子と藩医山本家との関係に複雑な感情を抱いていた可能性もある。良平の出生をめぐって何らかの疑惑を抱いていたのか、それとも、出生の真相を把握していたのか。

（良平は平兵衛の実の子ではなく、山本正伯の胤《たね》ではないのか？）

血筋の異なる者への嫌忌と、藩医という権威への畏れ。このふたつの感情が交錯して、店の評判も度外視した行動に弥一郎を走らせた。

（このたびのことを奇貨として、あの母子《おやこ》を輪違の筋から追い出してくれる）

弥一郎の思惑については忖度《そんたく》するほかないが、良平はみずからの失態によって、幼少より過ごした福井城下を、前科者として去らねばならなかった。

フサと左一郎

『取調書』には、良平が無一文で福井城下を去ったとあるが、山本家が密かに路銀と当座の生活資金を融通したことは容易に想像がつく。追放時期が不詳なので、これをおこなったのが良平の実父と思しき第四代正伯なのか、腹違いの兄かもしれぬ第五代正伯なのかは特定できない。

いずれにせよ、無宿者となった良平は、京都をめざした。北国街道を南下、鯖江《さばえ》より府中［武生《たけふ》］を経て松森に進むと、栃ノ木峠への入り口、板取［虎杖《いたどり》］宿に入る。現在は北陸トンネルが下を走る栃ノ木峠、その標高は五百メートルほどだが、冬季になれば、背丈を上回る積雪を覚悟せねばならない。

この難所を越えると、そこはもう近江［滋賀］側の中ノ河内集落。さらに北国街道を琵琶湖沿いに木之本宿へとむかう。まもなく中山道に入って、早見から武佐《むさ》を過ぎれば、大津宿に到着。あとは東海道五十三次の終点、京都三条大橋へと続く約三里をひたすら歩く。

富小路三条下ルには越前関係者の定宿《じょうやど》福井屋重助があったが、追放刑に処された良平がそこを利用することはなかったであろう。京都入りした良平は、とある按摩師の家を訪ねて、そこに食客として迎えられている。

これはしかし、流浪の果てに偶然転がり込んだ、ということではあるまい。山本家の御膳立てによるものと考えられる。無宿者には、果てない転落が待つばかり。血縁者をそのような目に遭わせることはできない、ということではなかろうか。さすれば、くだんの按摩師はかねてから山本家と懇意であったかもしれず、あるいはまた、山本家と親しい京都在住者と懇意であったのかもしれない。

当時、按摩師には視覚障害者［盲目］と視覚正常者［晴眼］の両方がいて、良平を迎えた家はそのいずれであるのか定かでない。とくに鍼灸按摩師には晴眼者も多く、各藩の奥医師も輩出している。ちなみに、山本家は代々福井藩の御目医師＝眼科医を拝命してきたが、嘉永五（一八五二）年一〇月の家臣俸禄記録『松平家蔵慶永公御代給帳』は、第五代山本正伯を「表鍼医師　百石　奥」と記載している。山本家と按摩師との関係を推測する場合、かなり興味をそそる史料ではある。

　たしかなのは、按摩師との出会いが、良平の再起を促す契機《きっかけ》となったことだ。この家にはフサという女性がいた。『取調書』には「殊ノ外不美品トノ事［かなりの不器量である］」という断り書きが付されている。良平はそんなフサの婿となった。

（こいつは我が黄夫人《こうふじん》だ）

と良平は思ったかもしれない。

　黄夫人とは、『三国志』に登場する天才軍師諸葛孔明《しょかつこうめい》の妻である。色黒で赤毛の容姿であったが、聡明で才徳兼備の女性として、周囲の尊敬を集めたと伝えられる。フサを黄夫人に擬《なぞら》えると、由義はさしずめ孔明ということになるが……。

　閑話休題《それはさておき》。すでに紹介したが、戸籍におけるフサの出自は「越前国足羽郡福井士族山口作右ヱ門亡二女」である。長野氏にいただいた『姓名録』筆耕には「山口作右衛門《ママ》尚綱　二五〇石」の名があるも、文政六（一八二三）年に死去しており、家督は彌太夫尚通が相続している。よって、この人物が、天保一〇（一八三九）年に生まれたフサの父とは考えにくい。

　福井藩人事諸記録に採録されない組之者［足軽］等の軽輩層に、フサの父とされる山口作右ヱ門が含まれているかもしれない。が、その確認は史料上の制約によって事実上困難である。『取調書』はフサの出自記載を詐称としたが、それでも按摩師と山本家との間につながりがあったとすれば、フサの父が福井藩の出身者である可能性も残り、詐称との断定はいささか早計という気もする。

くわえて、「捜索原証」は、フサがくだんの按摩師本人であるのか、按摩師家当主の娘であるのか判然としない、としている。俗に「按摩上下十六文〔上半身と下半身の揉み賃合せても一六文〕」と言われるほど実入りは悪い。幕府認可の当道座〔同業者組合のごとき組織〕が定める職業階梯〔座頭《ざとう》—勾当《こうとう》—別当《べっとう》—検校《けんぎょう》〕において、高収入が保証される地位に就くには、相当の猟官資金が必要となる。いきおい、弟子をとって技能教授料をえられる勾当位に昇進するのは難しく、当道座加入者の大半が最下位の座頭にとどまった。

そこで幕府は、貧窮座頭を救済する目的で、当道座加入者に高利貸業を営むことを認めた。これによって、座頭位の按摩師は低所得層対象の小口金融、いわゆる座頭貸《ざとうがし》を副業とし、文字どおり「爪に火を灯す」ようにして猟官資金を蓄えたのである。

良平を婿に迎えた按摩師家が、どの職階にあったのかは、これまた定かでない。それでも、食客を養える程度の収入は確保できていたのであろう。山本家の依頼で良平を庇護したとすれば、それ相応の金銭的支援が提供されていたかもしれない。そうなると、良平の持つ医療と薬種に関わる知識や経験が、按摩稼業にとって大いに益がある、との判断も働いたはずだ。

慶応元（一八六五）年七月二六日、良平・フサの間に待望の長男が誕生、慶治と名づけられた。彼がのちに「由義〔良平〕と同一人物なり」という誤解を生むほど、黎明期神戸の歴史に名を刻むこととなる。

とはいえ、『戸籍写』の記載に照らすと、由義が神戸実業界で最も活躍した時期、慶治はまだ一〇歳になるかならぬかの少年であった。いわゆる神童であったと考えられなくもないが、やはりどうも不可解だ。じつはこれを解く鍵となる人物こそ、関戸左一郎なのである。

『戸籍写』では、由義の実弟となっている左一郎。だが、実際はフサの弟であった。按摩師をしていたのか、それとも別の仕事に就いていたのか、その素性は一切が不明。内偵者もこの男の正体を摑めなかったようである。

良平と出会った頃、左一郎はまだ二十歳そこそこの若者。が、言葉を交わすうちに、

（敏《さと》い奴だな。しかも、かなりのしたたか者だ）

と直感した。かたや左一郎も、

（一筋縄ではいかん御方やな。その分、おもろい画《え》が描《か》けそうや）

と、良平の骨相を眺めながら思った。ふたりとも初対面のときから妙に波長《ウマ》が合った。

筆者は、左一郎がいわゆる遊民《あそびにん》であった、と考えている。しがらみなき奔放な生活のなかで、堅気の人間にはない世知を身につけ、やがて人びとのさまざまな依頼事を引き受ける。左一郎はそんな存在ではなかったか。やがて齢《とし》を重ねていくと、世間師と称されて、周囲からも一目

置かれるような……。

良平は一度、フサに、

「左一郎《あいつ》はいったい何をしておるのか?」

と訊ねたことがある。月に数度帰ってくるが、気づけばどこかに居なくなっている。定職に就いているとは思えず、さりとて金を無心するわけでもない。

「どうも奇妙な奴じゃな」

我が義弟《おとうと》は、と良平は曖昧な笑みを浮かべる。

「わてもようわからしまへんけど」

フサも小首をかしげながら、

「ほんでも、不思議と食うには困らん子やなぁ」

と、おかしそうに笑った――

井伊大老が桜田門外で水戸・薩摩浪士団に討ち取られた頃から、京都市中には何処《いずこ》の家中とも知れぬ浪人たちが「尊攘の志士」と称して昼夜徘徊、太刀を抜いて乱暴狼藉におよぶこともしばしば。慶治が生まれる前年の元治元年六月五日、会津中将預《あいづちゅうじょうあずかり》の武装治安部隊新選組が、三条池田屋に集合した尊攘派の志士約三〇名を襲撃、そのほとんどを斬殺・捕縛している。

そのなかには長州藩士も数名含まれていたことから、復仇を叫ぶ長州軍が京都に攻めのぼり、七月一九日、薩摩・会津・桑名連合軍と衝突。禁門の変とか蛤御門の変とか称されるこの戦《いくさ》によって、京都洛中二万八千軒が焼失、下京の町々はほぼ全焼した。

「どうしたものかな?」

ある夜、良平はたまたま家に戻っていた左一郎に訊ねた。

(こいつは妙に知恵がまわる)

と、良平は左一郎を買いはじめていた。

このところの治安悪化で、按摩稼業がままならず、小口金融と良平の素人医業で辛うじて家計を維持している。が、それもいつまで続くかわからない。

「義兄さんは、越前の偉い藩医様のもとで、医者の修業をしてたそうでんな?」

と、左一郎は水をむけた。

「ふむ。まあ、中途で辞めてはおるが……」

「ほんなら、どないだす。このまま京都《ここ》に居《お》っても危ないばかりや。この際、いっそ江戸にいって、ほんまに医者をなさっては?」

左一郎は義兄の顔をのぞき込む。慶治を抱いたフサも、不安そうな表情を浮かべていた。

(江戸か……)

じつはこの時代、医者の国家試験などなく、「学統」と称される師弟関係──誰のところで、どのくらいの期間、何を学んだか──が「医者の力量の証明」となった。その結果、「医者を名乗っているから医者なのである」という開き直った輩も、かなり医療活動に従事していたようだ。また、庶民は名のとおった医者にかかって法外な治療費を請求されるよりも、生薬屋や薬種商に病気の相談をすることが通常であった。

「どうせ医者をやるなら、客の数が多いに越したことはおまへん。江戸なら、どこぞが悪い奴なんか、それこそ山ほどいてるはずや」

と左一郎は断言し、

「それに京都はもう煮立った薬缶《やかん》や。そのうちにまた吹きこぼれまっせ」

と先行きを予想した。

「そうだな、先年、御所が焼き払われたいくさを思うとな」

商売もままならん、と良平は唇をへの字に曲げて天井を見上げた――

『取調書』によると、良平夫婦は江戸に引っ越して医者を開業している。「捜索原証」に「藪医者」とあるのは、良平が学統に属さないハグレ者であったからだろう。良平は開業の際にはじめて「関戸由義」を名乗ったようだ。医者は名字帯刀が許されるから、それらしい名乗りにしなければ商売上も具合が悪かった。

関戸姓はおそらく按摩師方のもの、と内偵者は推察したが、それは間違いと考えられる。良平の実父と推測される第四代山本正伯こと関彦輔の元姓が関戸であったことは、すでに紹介したとおり。良平は山本家で医師修業をしていたとき、彦輔から先代正伯＝関竜輔の逸話《エピソード》等も聞かされたはずだ。

そこで、曲がりなりにも医者の看板を出すにあたり、良平は第四代山本正伯こと関彦輔の元姓をもちいようと思い立った。山本姓ではなく関戸姓をもちいたのは、山本家に対する遠慮と、生半可な技量で医者を名乗ることへの後ろめたさが働いたためではないか。

関戸姓を名乗る決断を、フサと左一郎に伝えると、

「なるほどな。そういう事情なら、わては関戸を名乗ることに異存はおまへん」

姉さんはどうだすか、と左一郎はフサに訊ねる。

「わては旦那様にしたがうだけだす。異存はおまへん」

フサもきっぱりと言い切った――

さて、良平改め関戸由義の医者稼業は、フサの按摩術、そして、みずからの漢方技能と薬種の知識から成り立っていた、と推測される。誰でも医者を名乗れる時代であったからこそ、腕の良い医者に患者は集まり、腕の悪い医者には集まらない。幕末期、江戸には推定二五〇〇人を超える医者がいたとされるが、藩医のもとで修業し、薬種の知識も豊かな由義は、優良医の部類に属したであろう。

（左一郎の言にしたがい、江戸に出たのは、正しい選択であったな）

由義は相好を崩しながら、フサに抱かれた慶治の頭を撫でた。

（なかなか頼りになる奴じゃ）

江戸行が決まると、左一郎はさきに江戸入りして、市中に空き家を確保した。

（それにしても、妙な術を持っておるな）

由義がそう思ったのは、左一郎が見事なベランメエ調の江戸言葉を操ったからだ。まるで素《もと》からの江戸っ子のように……。

「その術はどうやって身に付けたのだ？」

と由義が訊いても、左一郎は笑って、

「そいつぁ、あっしにも、とんと見当がつきませんや」

と煙に巻く。

（山本家にも近況を知らせたいが、さすがに医者をやっているとは言いにくいなぁ）

由義は慶治の赤い頬っぺたを指先で軽くつつきながら苦笑した。フサが怪訝そうな表情で、夫の顔色をうかがう。由義は優しい笑みをフサにむけた――

ところが、である。安政五（一八五八）年に幕府が欧米列強五カ国と修好通商条約を締結して以来、海外輸出が盛んになり、国内向け商品の不足が深刻化、そのせいで食料品等の日用必需品の価格は高騰を続ける。幕府の対外政策に不満を抱く人びとの間では、「物価高は外国人によるものだ」という攘夷感情も高まった。

また、元治元年にはじまった幕府の長州征伐は財政支出の増加を招き、政局と社会の混乱がさらなる物価高を生み出す悪循環をもたらす。幕末動乱の最終章《フィナーレ》は、すぐそこまで迫っていたのである。

由義の決断

慶応三年一〇月一四日、第一五代将軍徳川慶喜は大政奉還を朝廷に申し入れ、翌日許された。他方、すでに倒幕に動いていた薩摩・長州両藩は、宮中倒幕派の岩倉具視たちと謀って、徳川幕府を朝敵とする密勅を作成。これを以て、一二月九日討幕派は武力を背景に朝廷でクーデターを決行、王政復古の大号令を発して、天皇を中心とする新政府を樹立した。

その日のうちに、討幕派主導のもと、天皇が臨席して開かれた小御所会議で、徳川慶喜に内大臣辞退と領地一部返納を命じる処分が下された。武力倒幕の意図を察した慶喜は、ただちに会津・桑名両藩の軍勢とともに京都を離れ、大坂城に退いた。

挑発に乗らない慶喜に業を煮やした薩摩藩は、勤皇派の浪士団を使った江戸市中の攪乱を盛んにする。強盗・殺人など凶悪犯罪が横行し、治安の悪化と不景気から商家の閉店や庶民の引越しがあいついだ。

「どうする？　江戸《ここ》も危ないぞ」

かつての京都以上ではないか、と由義はため息まじりに言った。幕末動乱のまえには、ささやかな平穏もつかのまである。

「まあ、遅かれ早かれ、ということですわなぁ」

左一郎の間延びした言葉に、フサがきっと眉を吊り上げた。

「姉さん、そないに怖い顔せんと」

左一郎は、さも怯えたような表情で、姉をなだめる。

「三百年も続いた公方様の世が終わるんやから、生半可なことでは済みまへんがな」

「終わるのか、ほんとうに?」

左一郎の言葉に、由義は思わず声を高めた。

「まあ、この勢いやと天朝様の世になりますやろ。その前に江戸でひと悶着かいな」

「ほな、わてら、今度はいったいどこにいけばよろしいのや?」

他人事のような弟の口調に、フサがたまらず口をはさむ。

「横浜なんか、どないだす?」

左一郎は、行商人が桶の魚でも売るかのように答えた。

「横浜……」

由義とフサは顔を見合わせる。

「あそこには異人の町がおますやろ。異人と悶着起こしたら、えらいことやさかい、公方様も天朝様も、おいそれと手は出せまへん。それにな」

左一郎はひと息おき、

「わてにちょっとした考えがおまして……」

と意味ありげな笑みを浮かべた――

ここでいよいよ、由義の前半生における佳境《ハイライト》にして最大の謎、サンフランシスコへの商用渡航にふれねばならない。『取調書』はさりげなく「由義ハ洋行シ」と記している。『三十年史』乾にも「慶應の末、諸大名より拂はれたる巻繪の箱類、其他日本美術的器具と紙鳶とを携へて、横濱より米國桑港に赴き……」との一節があった。

ほかには、『神戸市史本編総説』に「由義嘗《かつ》て米国桑港に赴き、西洋都市の一斑を伺ひ知る」、また『同本編各説』に「關戸由義夙《つと》に米国に遊びて視察する所ありし」といった記載が見られる。由義が横浜からサンフランシスコに渡航したのは事実にちがいあるまい。

それにしても、由義渡米の実態が皆目定かでない。まず、それはいつ頃のことであったのか？　この疑問を解く手掛かりとなるのが、一八六八年五月一三、二七日、六月一七日発行の『ハワイ王国官報（*The Hawaiian Gazette*, May 13, May 27, June 17, 1868）』に掲載された記事である。そこに〝Dr. Sekido〟という人名が登場する。左に全文を訳出しておこう。

①一八六八年五月一三日［慶応四年戊辰四月二一日］日本からの訪問者（〝Japanes Visitors〟）

「アイダホ号の到着以来、我が駐在員たちは、事業目的の視察旅行で本島を訪れている四人の日本人紳士団に注目してきた。丁重さ、快活な陽気さ、そして情報獲得への熱意のお陰で、彼らは歓迎すべき訪問者となっており、我々の誰もが敬意と配慮を以て彼らに接するにちがいない。彼らの訪問は、日本と我が国の未来の事業関係に直結しており、彼らが我々に関する良き報告を自国に持ち帰ってくれることを願う。

横浜駐在のハワイ領事は、日本紳士団の長〝Dr. Sekido〟について、『まことに当を得た人選であり、ハワイにおける日本人の良き代表となろう。彼は自国品の海外輸出に投資した最初の日本人であり、私にハワイとそこの人々について訊き、みずから視察することを決めた。彼が帰国した晩には、我が国は日本政府からの質問にことごとく答える信頼すべき人材をえることになろう』と述べている。〝Dr. Sekido〟はハワイを訪れ、我国の工芸、労働システム、そして日本との交易において我々が提供できる商売上の利点を視察する予定だ。〝Ogata Tegiro〟なる商人は、以前ハワイに居り、日本より持ち込まれる製品の責任者であった。学徒であり通訳でもある〝Zangimoto〟は、アメリカ合衆国から帰還したばかりで、英語のみならず、我々の習慣や生活様式などにもかなり通じている。学徒の〝Zeguich〟は数カ月ほど当地に滞在して学校にかよって英語を習得し、商人として自立することをめざしている。

　思うに、彼らの訪問は、ハワイが日本において好ましい印象を持たれていることの最も興味深い証左であり、より良い貿易ならびに国交を今後も築いていけることを予感させる」

②一八六八年五月二七日［慶応四年戊辰閏《うるう》四月六日］商業関連（〝Commercial〟）

「土曜の夕刻、バートウ氏〝Mr. Bartow〟は、当地ホノルルに滞在する〝Dr.Sekido〟を介して、呉服反物を中心とした日本商品を大量に購入した。何人もが、この取引に立ち会い、価格は公正なものであった」

③一八六八年六月一七日［慶応四年戊辰閏四月二七日］旅行者（〝Passengers〟）

「六月一五日アイダホ号でサンフランシスコに到着　Dr.Sekido、Yeguich Yangimotu、Ogata Tegero」

右掲記事と同じ頃、一六歳の高橋和喜次《わきじ》〔のちに「是清《これきよ》」と改名し、大蔵大臣、内閣首班を歴任〕は、仙台藩伊達家の留学生としてサンフランシスコに在った。のちに彼は「この時、ちょうど越前の医者某というのが、維新の騒ぎに、いろいろの品物を二束三文に買倒して、それをアメリカに持って来て一儲けしようとかかった」と回想している。

この記憶が正確ならば、『ハワイ王国官報』（以下、『王国官報』）記事中の〝Sekido〟に冠せられた〝Dr.〟に照らして、じつに興味深い。というのも、渡航当時、由義は江戸で医者を開業していたからだ。〝Dr. Sekido〟が由義だとすれば、右掲記事と高橋の回想は、『取調書』や『三十年史』、『神戸市史本編総説』、『同本編各説』の記述とも符合する。

『王国官報』記事①と③にあるアイダホ号は、アメリカ船籍のフリゲート型帆船で、横浜からハワイへは二〇日前後、ハワイからサンフランシスコへは一〇日前後を、航海に要したと推定される。これより逆算すると、由義がサンフランシスコにむけて横浜を発ったのは、慶応四年三月中旬のことになろう。

すでにこの年一月三日、新政府軍と旧幕府軍は、京都の鳥羽・伏見街道で戦火をまじえていた。最新装備で固めた新政府軍の火力攻勢のまえに、旧幕府軍は完膚なきまでに叩きのめされる。徳川慶喜は軍艦で大坂城より江戸に逐電した。

（お戻りになった公方様が、薩長軍を迎え撃てば、江戸は火の海になる?!）

駿府を発した官軍の先鋒が江戸池上本門寺に本営を置くと、江戸市中の人びとの恐怖は頂点に達する。旗本御家人や商家、果ては日暮らしの職人まで、最低限必要な家財道具だけを手許に残し、そのほかの品々はことごとく売り払って、避難費用を工面していた。

「普段はお目に掛かれんようなええ品物《しなもん》が、いま江戸中に、タダ同然で出回ってます。まずは、これを買い占めまひょ」

「他人《ひと》の要らんもんを買ってどないしますんや?」

フサはきつい口調で左一郎に質す。

「安値で仕入れた品物をやな、横浜からメリケンに持ち込むんだす。あちらでは日本《ひのもと》の品物なら何でも高値が付くっちゅう話や。好きなだけ儲けられまっせ」

左一郎は声を弾ませた。

「それは抜け荷だな?」

義弟の無鉄砲さに呆れながら、由義は努めて冷静に訊ねる。

「まあ、そうなりますわなぁ」

左一郎は、涼しい顔で、あっけらかんと答えた。そして、

「ほんでも、いまは御公儀も天朝さまも、抜け荷の取り締りどころやおまへんやろ」

と、とぼけた口調で言った。

抜け荷とは密貿易のことであり、犯罪としての重大さは、不義密通どころの騒ぎではない。さすがの由義も腕組みしたまま黙り込んだ。

「呆れたわぁ。あんたの考えっちゅうのは、このことかいな?!」

フサはもうお手上げという風情で、弟の顔をまじまじと凝視《みつめ》た。

「そうや」

と、ここで左一郎は俄《にわ》かに表情を引き締め、

「わてが商家の養子にもぐりこんだのも、こんなこともあろうかと思ってのことだす」

と、由義とフサのほうに膝をぐっと乗り出した――

松平文庫〔福井県立図書館保管〕収録『御本丸一橋紀州田安京都江戸大坂大津柏崎』〔福井藩領内で扶持米を支給されている藩士以外の町医、御用達商人、大庄屋など、さらには領外の全国各地（京都、江戸、大坂、大津、柏崎）で扶持米を支給される町人や浪人の帳簿〕には、「鈴木三右衛門養子　関戸左一郎　一　三人扶持　慶応三卯年三月九日三右衛門病気罷在家名相続難致候付養子　関戸左一郎与申者へ是迄之通御扶持持方三人扶持被下置候様相願候」という記載がある。

また、鈴木三右衛門文書〔東京都公文書館所蔵〕によると、鈴木家は家屋敷地経営を生業とし、当主が代々三右衛門を襲名してきた。左一郎を養子に迎えたとされる五代目三右衛門は、嘉永七（一八五四）年の幕府御用金上納者に名をつらねている。

左一郎が鈴木家に養子入りした経緯は不明だが、ことによると、左一郎から養子縁組の相談を持ち掛けられた由義が、第五代山本正伯に頼んで、福井藩に所縁《ゆかり》のある江戸商人を紹介してもらったのかもしれない。

付言すれば、さきに引いた高橋の回想は「その〔越前の医者某の―引用者〕通弁として来たのが城山《きやま》静一《せいいち》という宇和島の藩士であった」と続く。社会派文筆家《ジャーナリスト》の草分けのひとり城山は、このとき、扇屋久次郎の手代の通訳を請け負っていた。

城山が外国官判事試補の都築荘蔵《つづきそうぞう》に宛てた明治元（一八六八）年一一月二四日付上申書にも、「先般私儀江戸ニ罷在候処同所町人扇屋久次郎と申者亜美利加洲え商法相開候発意ニ而商人同所え指遣し候付私え通弁且事件委任相兼罷越呉候様相頼候処従来外国え渡航仕同国之形勢茂熟察仕度と多年心掛居候義故好機会と奉存右之趣建白候上渡海仕候」とある。さすれば、扇屋の手代が〝Dr. Sekido〟＝由義であり、『王国官報』記事に登場する〝Zeguich〟が「せいいち」、つまり城山であったという推理も成り立つ。

左一郎は旧秩序の崩壊に乗じて立身を遂げようと、養子縁組を介して裕福な商家との関係を築く。そして、人一倍目端が利くことを武器に、一攫千金の商談を各処に持ち掛け、資金援助を仰いでいたのだろう。

「扇屋の土蔵はいま、市中から買い叩いた書画骨董で一杯ですわ。正月に遊んだ凧《たこ》や独楽《こま》、錦絵までありまっせ。まあ、そんなもんはタダでもろうてきましたけど……」

左一郎は得意げに笑う。遊びに没頭する子どもの顔だ。

（こいつは、まあ、なんとも怪しい奴だ）

由義は左一郎の破天荒な計略に毒気を抜かれた。だが、邪気のないその表情を眺めているうちに、

（たしかに世は乱れに乱れている。とすれば、いまこそ崖頭《がんとう》に悍馬《かんば》を立てる秋《とき》かもしれん）

と、何やら胸が高鳴るのを抑えきれない。これが左一郎の世間師たる真骨頂であった。

香具師《やし》のごとき語り口に、黙って耳を傾けていた由義は、

（こいつの話を聞いていると、尊王だの攘夷だの、公儀だの天朝だのと騒いでいる奴らが、なぜか馬鹿のように思えてくる）

と次第に血が滾《たぎ》るような興奮を覚えてきた。

（一度は無宿者になった身だ。鳴かず飛ばずの藪医者で終わるくらいなら、ここはひとつやってみるか、と気持ちが吹っ切れた。自然と腹の底から声が湧く。

「おもしろいッ!!　左一郎、やろう!!　儂がいくぞ、メリケンには」

由義は立ち上がると、きっぱりとした口調でそう宣言した。握り締めた両の拳が小刻みにふるえる。運命の歯車が、いま大きく回転しはじめた――

第三章　密航、そして神戸

支援者たち

由義は書画骨董をサンフランシスコに密輸することを決意したが、それではいったい、どのような方法で大量の荷を船積みし、横浜からハワイ経由でサンフランシスコに渡って、商取引に着手したのだろうか。

この謎を解く鍵として、まずは、開港場横浜を拠点に活動していたふたりの人物を紹介しよう。いずれも特異な経歴を持ち、太平洋の大海原をへだてた横浜とサンフランシスコを、自己の才覚によってつなぐことができた数少ない存在である。

ひとりは岡倉勘右衛門〔初め覚右衛門、さらに金右衛門、喜右衛門、潜右衛門と称し、晩年勘右衛門に復す〕である。福井藩が横浜に開設した物産館石川屋を差配した。もうひとりは、やはり横浜に在って、常日頃から石川屋とも親密に交流していた外商ユージン・ヴァン・リード。

いわゆる安政五カ国条約によって、神奈川〔横浜〕が開港される際、松平慶永は越前領内の産業振興をめざし、安政六（一八五九）年晩夏、横浜本町五丁目〔現在の横浜市本町一丁目〕に生糸・羽二重の売込商館を開設した。

これにともない、横浜商館を管理運営する人材が必要となる。福井藩はその役目を岡倉勘右衛門に命じた。この人物はこれまで、明治美術界の巨人岡倉天心、英語学の先駆岡倉由三郎の実父として語られてきたが、もとは福井藩の江戸詰藩士である。横浜開港の頃は、横浜警備方陣屋の普請出役として同地に常駐していた。

安政六年一二月に御納戸役下代から制産役下代に転役した勘右衛門は、上司の推挙によって商館勘定方を兼務する。算盤勘定の才を認められての人事であった。そして、安政七／万延元年三月に藩命を受けて脱籍、町人身分に転じたうえで、名も金右衛門と改め、名実ともに商館支配人となった。屋号を石川屋としたのは、所在地の横浜本町五丁目が横浜村名主石川屋徳右衛門の所有地内だったから、と言われる。

表間口が六間［約一一メートル］、奥行が一五間［約二七メートル］の石川屋は、越前名産の生糸・紬《つむぎ》の輸出を手掛けるかたわら、旅館も営み、西洋文明の窓口で見聞を広めたり、海外渡航の機会をうかがったりする諸国の人士たちの拠点としても機能した。

自然と内外の多様な情報も集まるから、岡倉は福井藩探索方も務め、横浜で入手可能な新聞［『ジャパン・コマーシャル・ニューズ』翻訳版、英人バックワース・ベーリー発行『万国新聞紙』、ジョゼフ・ヒコ・岸田吟香発行『海外新聞（新聞誌）』等］や『阿蘭陀風説書』を、江戸藩邸や国許に送っている。

岡倉が利用した情報源のなかでも、ヴァン・リードの存在は大きかった。この人物は安政六年六月末に来日したオランダ系アメリカ人で、ウェンリード、ウェンルイド、ウィンリウ、ベンリウ、弁隣などとも称される。

当初ヴァン・リードは、播磨国加古郡出身の漂流民で、アメリカに帰化したジョゼフ・ヒコとともに、横浜のアメリカ領事館に勤めていた。やがてオーガスティン・ハード商会に入り、文久元年一一月には『商用会話』なる日英会話読本を出版している。アメリカにおいてヒコから日本語の手ほどきを受けたこともあり、あちこちで自身の日本通を吹聴。横浜と江戸を頻繁に往復し、アメリカ公使館や領事館にも我が物顔で出入りする居留地の名物男であった。

ヴァン・リードの功名心と営利欲は止まるところを知らず、汽船売買の仲介、諸藩への武器の売込み、外米の輸入、金銀取引等に食指を動かし、ついには政治権力にも手を伸ばす。慶応元（一八六五）年四月、駐日〔横浜〕ハワイ総領事を拝命すると、翌年一月、ホノルルに立ち寄ったとき、ハワイ政府に対して日本との通商条約締結と日本人移民の受入れを進言した。

帰国したヴァン・リードは、慶応三年三月・五月下旬・六月中旬・一〇月上旬・一一月上旬・一二月下旬の『万国新聞紙』に、「アメリカへ学問修業交易又は見物遊歴に渡海被成度《とかいなされたき》ものは随分御世話可申候《もうすべくそうろう》　横濱九十三番　ウェンリート」なる広告を掲載している。

ここで想起すべきは、『王国官報』の掲載記事。その①に「彼（〝Dr. Sekido〟）は自国品の海外輸出に投資した最初の日本人であり、私にハワイとそこの人々について訊き、みずから視察することを決めた」という一節があった。

この「私」は横浜駐在のハワイ総領事、すなわちヴァン・リードのことであるから、〝Dr. Sekido〟の渡米は彼の周旋によるものとしてまちがいない。そして、〝Dr. Sekido〟が由義だとすれば、彼とヴァン・リードの仲立ちを務めたのは、石川屋＝岡倉勘右衛門と考えれば筋がとおる。

　では、その前段階である岡倉と由義の橋渡しをしたのは、いったい誰なのか。考えられる人物はひとり。福井藩医の第五代山本正伯である。由義がアメリカへの密航計画を実行すべく、腹違いの兄正伯に、岡倉への照会を依頼した、と想定すれば話はつながるだろう。

　石川屋が福井藩の在横浜商館と内外の情報収集基地を兼ねていた事実に照らせば、福井藩に多少とも縁を持つ者が海外渡航を計画・実施する際、ここを頼るのは自然な成り行きだ。ただし、手塚晃編『幕末 明治 海外渡航者総覧』一〜三巻を眺めても、明治維新前後に留学または視察のために海外渡航した人物約四二〇〇名中に関戸姓の者は見当たらない。また、この時期に留学以外の目的で、いわゆる旅券《パスポート》申請をともなう正規ルートによって海外渡航した越前人についても同様である。

　このときの由義の商用渡航は、その実体が密航であり、正規渡航ルート使用者のリストに名前がないのは、当然と言えば当然である。さすれば、彼はどのような手筈《てはず》で、サンフランシスコに渡ったのであろうか。

　じつは岡倉と交流のあったヴァン・リードは、ハワイ総領事の肩書を利用して、日本人労働力のハワイ輸出事業をもくろんでいた。彼は慶応三年四月二一日より二回にわたって、神奈川奉行所から計三五〇人分もの旅券発行を受けている。海外渡航希望者からすると、ヴァン・

リードに依頼すれば、煩瑣な申請手続きを経ずとも、横浜発のチャーター船に乗り込むことができた。右掲『万国新聞紙』掲載広告は、これを宣伝したものである。

おそらく左一郎は養子先の鈴木屋を介して、儲け話を探していた扇屋久次郎なる商人に「いまが千載一遇の好機」と、日本の書画骨董をアメリカで販売することの旨味《うまみ》を説いた。扇屋が誘いに乗ると、ただちに江戸市中から大量の書画骨董や工芸品を安値で買い集める。そして、由義を現地販売の担当責任者＝手代に仕立て、ヴァン・リード名義の荷としてアイダホ号に積み込み、横浜を出航したのではなかろうか。なお、荷の積み込みと出航準備が完了するまで、由義たちは石川屋に潜伏していた可能性が高い。

その際に、ヴァン・リードは、狡猾にも由義一行を日本国の視察団に仕立てあげ、自身に対するハワイ政府の信頼を高めようとした。渡航の便宜を図るのと引き換えに、移民斡旋事業の利益を由義に説いて協力を求めたと思われる。

のちに「元年者」と呼ばれる最初の集団移民一五〇名が、ヴァン・リードの斡旋でサイオト号に乗り込み、明治政府の許可をえないまま、横浜からハワイへと旅立つのが、慶応四年四月二五日〔西暦一八六八年五月一七日〕のこと。

『王国官報』記事①を読む限り、由義一行はヴァン・リードが密かに期待した露払いの役割を見事に果たした。それから、同②に記された幸先の良い成功を収めたあと、同③のように、アイダホ号でハワイからサンフランシスコに渡った、というわけだ。

しかしながら、ここでまたも疑問が生じる。右も左もわからぬ異郷の地で、由義たちはどのようにして、商取引を開始できたのだろうか。

ハワイでは地元の富豪と思しきバートウとの間で商談が成立したものの、アメリカ西海岸の港都サンフランシスコで商談を進めるとなると、そう簡単に事が運ぶとは思えない。おそらく由義は、ふたりの先着者の支援にあずかったはずだ。ひとりは柳本直太郎、もうひとりは佐藤百太郎《ももたろう》である。

まず、柳本直太郎について。松平文庫［福井県立図書館保管］収録『新番格以下諸下代迄』記載の経歴によると、彼は軽輩である柳本久兵衛の長男に生まれ、小坊主として初出仕し、表坊主に昇進した。ほどなくその学才を認められ、藩より江戸就学の許可をえる。幕府直轄の洋学機関蕃書調所に出仕したのち、横浜で本格的な英語修業に励んだ。慶応二年二月、江戸鉄砲洲の慶應義塾に入塾し、翌三年四月に藩命を受けて、アメリカに留学している。

『王国官報』記事①に「学徒であり通訳でもある〝Zangimoto〟」、同③に「Yangimotu」と記載された人物が、この柳本直太郎ではなかったか。そうだとすれば、石川屋こと岡倉勘右衛門か、サンフランシスコに邸宅を持つヴァン・リードかのいずれかが、あるいはその両方が、事前に由義一行の渡米を柳本に通知し、ハワイで合流するように依頼したのであろう。合流後、柳本はそのまま由義たちと行動をともにし、サンフランシスコでの商取引を助けたと考えられる。

もうひとりの佐藤百太郎は、慶応三年に私費を以て単身アメリカに留学、西洋流の実業《ビジネス》に関する知識や技能を修得しようと、サンフランシスコの雑貨商店に勤務していた。

柳本から佐藤を初めて紹介されたとき、由義は我が目を疑った。

（まだ子どもではないか?!）

そう、このとき、百太郎はまだ一三歳であった。遠来の客たちの表情を咄嗟に読み取ると、ちょっと肩をすぼめながら、

"Don't Worry, Sir. I'm not as immature as you think. Then you may entirely rely on me.（心配御無用。子どもと思ってらっしゃるようだが、わたしに何でも聞けばよろしい）"

と流暢な英語で言った。その仕草は横浜居留地やハワイで会った外国人と変わらない。唖然とする由義たちのかたわらで、柳本はやれやれという表情を作ってため息を吐《つ》いた。

「皆さんお疲れでしょう。ホテルまで案内しますよ」

百太郎はさきを歩きながら、悪戯っぽい笑みを浮かべて振り返った——

なんとも早熟《ませ》た少年であるが、じつは百太郎の父というのが山口舜海《しゅんかい》。佐倉順天堂の創始者にして幕末屈指の蘭方医だった佐藤泰然《たいぜん》の筆頭門人であり、のちに泰然の嗣養子となって佐藤尚中《たけなか》を名乗る。「外科の天才」ともいうべき人物で、泰然の跡を継いで第二代順天堂主に就任、明治八年に順天堂病院が創設されると、その初代院長を務めた。

——日本で真の蘭方外科医と呼べるのは、佐藤泰然と舜海のみ。

というのが、当時の蘭方医の間の常識であった。このふたりについては、司馬遼太郎の名作『胡蝶の夢』にも登場することから、ご存知の方も多いだろう。

そんな洋学の傑物ふたりを祖父と父に持つ百太郎は、幼き頃よりその薫陶にあずかり、佐倉藩校の成徳館を経て、横浜在住のアメリカ人宣教医ジェームズ・カーティス・ヘボンの塾［現在の明治学院高校の前身］で、ヘボン夫人クララより入念な英語指導を受けていた。

高橋和喜次の回想によると、百太郎は「日本茶や日本の雑貨を売るアメリカ人の店で働いていた」という。新日米新聞社『米国日系人百年史』にも「わが在来日本人活躍の端緒は、桑港を振り出しに展開されて居る。初期時代の在住日本人の中に米人雑貨商店に勤務していた佐藤百太郎が当時渡米しても《ママ》西も東も分からない新米者に対し、種々な便宜を与え、働口《はたらきくち》の周旋をしており……」とある。

百太郎は明治四年に一旦帰国した後、すぐに公費留学生としてボストンに渡航、ボリテクニック工芸学校で経済学を学ぶ。明治八年、狭山茶をニューヨークに輸出。翌年には佐倉茶も輸出した。同年にふたたび短期帰国し、福澤諭吉の門下生森村豊・新井領一郎等に渡米を勧めた。翌九年、森村と共同でニューヨークに日の出商会なる雑貨商を設立。また、新井領一郎とは佐藤新井組を共同経営し、生糸貿易を手掛けたのである。

猟官運動

由義のサンフランシスコ渡航の実相は、これまで謎とされてきたが、多少なりとも輪郭を与えることができたのではなかろうか。

『王国官報』記事③によると、由義一行のサンフランシスコ到着は、慶応四年四月二五日のことであり、その日からいかほどの期間、同地に滞在したのかは不明である。横浜で積み込んだ書画骨董・民芸品については、おそらくヴァン・リードの紹介か、佐藤百太郎の仲介かによって、現地業者に一括購入《まとめがい》させたと考えられる。

とすると、宿泊と生活に要する経費を考慮に入れれば、由義一行のサンフランシスコ滞在はせいぜい一カ月間程度と推定されよう。そして、その大半が現地の文物、ひと言で表せば西洋文明の視察と体験に費やされたのではあるまいか。金銭的な利益もさることながら、帰国後の由義の活躍に照らすと、そちらのほうが価値は大きかった。

由義がふたたび横浜の土を踏んだのは、慶応四年六月初旬であろう。『神戸市史本編各説』には「明治元年八月に開設された神戸洋学伝習所は関戸由義の建議にもとづく」という記載もある。今回の渡航をつうじて英語の必要性を痛感した由義は、帰国後ただちに英語教育機関の早急な設置を新政府に要請しようと、船中で筆をとったのか。

ただし、兵庫県史料〔兵庫県公館県政資料館蔵〕一四　兵庫県史政治部学校（一〜三）『神戸洋学校』には、関戸由義〔良平〕の名は登場せず、ほかに裏づけとなる史料も見当たらない。あるいは、誤って伝えられてきた話かもしれない。

これとは異なり、由義の手になる文書が現存する。「横濱本町四丁目小西屋伝蔵厄介　関戸良平」が、「同弁天通五丁目門屋幸之助」と連名で民部省に提出した『貨幣之儀ニ付奉申上候書付』（以下、『貨幣之儀』）である。

慶応四年五月、新政府は不換紙幣の金札を発行したが、それによって商取引の混乱が発生する。『貨幣之儀』はこれを批判し、その是正方法――貨幣を国内通用と国際通用に分化し、前者は一〇年を期して正貨に換え、その際に利子を付与することを条件に紙幣流通を図り、これを一種の国債とすれば、年月の経過とともに紙幣はその価値を増す――を提示した。

明治元年一二月、新政府が金札の時価通用を公認したことから、商取引はますます混乱をきたす。その結果、居留地貿易に従事する日本商人の間に、新政府の貨幣政策への轟々たる批判が湧き起こった。これを受けて、新政府が金札兌換布告を発するのは明治二年五月のこと。

この経過を踏まえると、『貨幣之儀』作成はどんなに遅くとも、明治二年三月頃までにはおこなわれたはずである。そこには、外商相手の取引に金札が全く通用しない状況に直面した横浜商人の苦境――諸制改革にもかかわらず、貨幣だけが旧態依然である結果、金札の価値が日々高下を繰り返し、挙句に賭博的な相場投機を招来して、真っ当な商取引の実施に大きな障害となっている――もつづられている。

したがって、『貨幣之儀』作成の前提となる経験を積むには、開港場横浜に一定期間滞在する必要があるが、由義が慶応四年六月に帰国していれば十分な時間がある。ましてや、共同作成者となった門屋幸之助は、尋常な人物ではないのだから。

幸之助は天保五（一八三四）年八月一五日の生まれ。慶応四年五月、三四歳のときに横浜太田町に呉服店の門屋を開いたが、もとからの商人ではない。本名は伊東哲之助信保、門屋開業前には幕府出仕の経験もある。じつは彼の実父というのが、誰あろう、将軍家主治医となって江戸に種痘所を創設した蘭方医学の権威伊東玄朴《げんぼく》。その次男で、幸之助の弟にあたる繁次郎も、横浜で門屋を名乗っていた。

門屋兄弟と同じく、旧幕臣から実業界に転じ、のちに三井物産総帥となる益田孝は、幕府の瓦解後、横浜でしばらく商業活動に従事していた。後年に横浜時代を回顧した折、玄朴父子についてこう語っている。「下谷御徒歩町に伊東玄朴と云ふ蘭法醫《い》の豪傑があった（中略）山師ではあったが、千代田城の大奥に始《ママ》めて蘭法の醫術を入れたのは全く此の伊東玄朴である。此の醫者の息子が二人、維新後横濱に来て商買《ママ》をして居った。兄は門屋幸助《ママ》、弟は浅野と云ふたが、私は其の相談相手になって居った」と。

玄朴は現実的な合理主義者・功利主義者であり、「医師でありながら、財に長じた数量的な人間で、理路不徹底な処《ところ》へは刃《やいば》を向けられても一文の金も出さぬ」との評もある。ゆえに、その息子ふたりが、時代の転換に際して、家業の医を継がず、横浜に出て商いの道をめざしたことは、ある意味、驚くにあたらない。

では、なぜ由義がこのような人物と知り合えたのか。鍵となるのは種痘であろう。福井城下の町医笠原良策を援けて、越前領における種痘法の普及と除痘館の設立に力を尽くした藩医半井玄《なからいげん》（元）沖《ちゅう》は、伊東玄朴の門下生である。そして、第五代山本正伯は除痘館に勤務し、精勤を称されている。この脈絡からすると、由義から相談を受けた正伯が、玄沖や石川屋に依頼して、由義を門屋幸之助に紹介してもらった可能性は高い。

余談ながら、『民部省日誌』明治四年四月二五日には「横浜海岸通三丁目伊東幸之助にサンフランシスコ出店を許可す」との記載がある。「伊東幸之助」とは門屋幸之助のことであるから、その「サンフランシスコ出店」に際しては、『貨幣之儀』作成に協力してもらったことへの返礼として、由義がなんらかの力添えをおこなったかもしれない。

帰国後の由義が「厄介」となった小西屋伝蔵は、横浜商人名鑑などを眺めると、明治元年九月〜二年三月には「横浜本町五丁目蚕糸商」、明治三年五月には「南仲町五丁目両替商」と記載されている。サンフランシスコより帰国した由義を受け入れたのは、石川屋の口利きによるものであろう。

慶応年間の横浜日本人街を眺めると、福井藩商館の石川屋、由義の寄宿先の小西屋、伊東玄朴の長男が営む門屋、さらには佐藤百太郎の祖父で順天堂創始者の佐藤泰然の隠居宅は、図版3のごとく南仲町通と弁天通をはさんで背中合わせか、むこう隣りにあった。とすれば、石川屋、小西屋、門屋の間に「交際がなかった」と考えるほうが、むしろ不自然ではないか。

『貨幣之儀』提出は、公式記録がない神戸洋学伝習所開設の建議とあわせて、帰国後の由義がおこなった猟官運動と考えられる。その由義に待望の任官辞令が届くのは、明治二年一二月

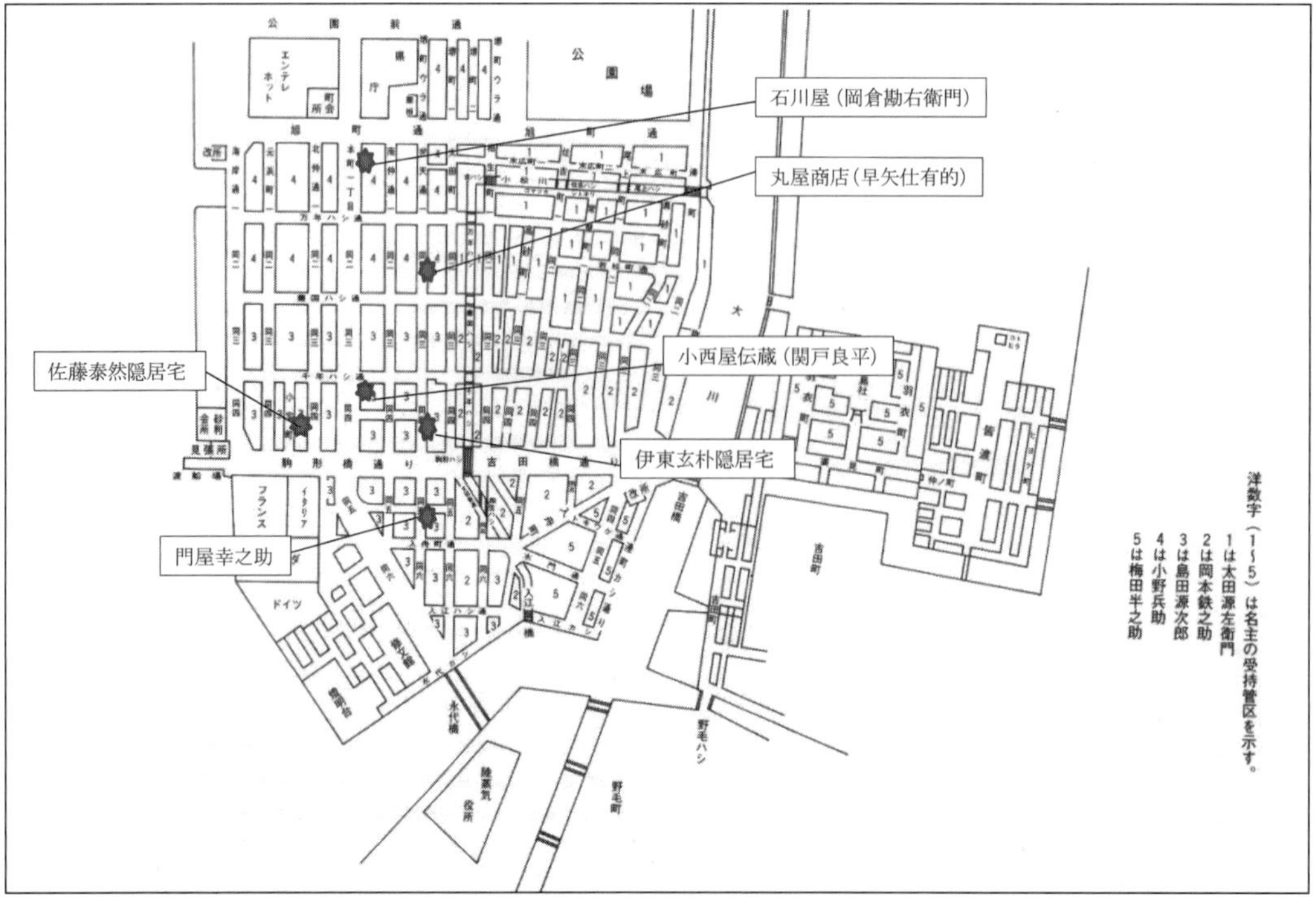

図版３　慶応年間の横浜日本人街略図

四日のこと。これについては、松平文庫〔福井県立図書館保管〕収録『新番格以下　増補雑輩』（以下『増補雑輩』）でも確認できる。

図版4を御覧いただきたい。そこには「横濱也　輪違　関戸良平／明治二巳十二月四日民部省通商少佑申付候事／通商権大佑／同三午十二月五日通商少佑儀被免、本官候条此段相違候事」という記載がたしかにある。『取調書』は、帰国後の由義が「大坂府中属」を拝命したとしているが、あきらかな誤りである。

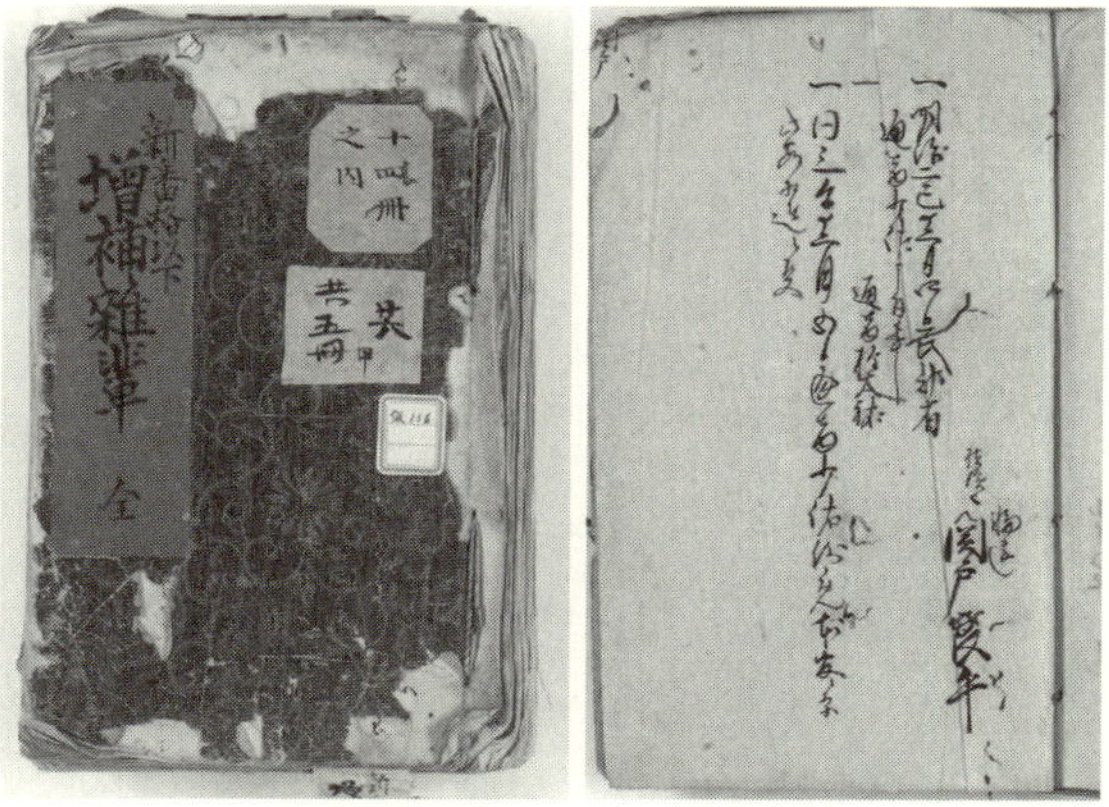

図版４　「関戸良平」履歴

『増補雑輩』記載のなかで目を引くのは、「関戸」の横に小書きされた「輪違」の二文字。関戸良平は福井藩人事諸記録の採録対象となる身分ではなく、また、そうした身分の子弟にも該当しない。だが、このたび晴れて新政府出仕が叶ったために、藩の立場上、彼の名を把握しておく必要が生じ、ここに記載するにいたった――そんな事情がうかがえる。

民部省とは、明治二年七月八日に設置された、地理・土木・駅逓等を管轄する民政関係官庁である。同年八月一一日に大蔵省から租税・監督・通商・鉱山の四司を移管され、翌日に大蔵省と合併させられた結果、民部大蔵省とも称された。

ただし、この合併は多分に名目上のもので、合併後も両省が独立省であることは変わらず、庁舎の合同と卿・大少輔の兼任が実施されたにとどまる。ゆえに、由義が「通商少佑」を拝命した「明治二巳十二月四日」時点では、通商司の管轄省庁は民部省になるわけだ。

留意すべきは、初代民部卿が前福井藩主の松平慶永であったこと。幕末政局の収拾に尽力したこの賢候は、新政府内でも重きをなした。民部・大蔵合併時には両卿を兼任したが、その二週間後の八月二四日に免官となり、新たに大学別当兼侍読を拝命する。ことによると、慶永は免官直前、『貨幣之儀』に目をとおす機会があったかもしれない。

明治三年七月一〇日、太政官宣達により、民部・大蔵両省は再分離され、通商司は大蔵省の管轄下に置かれた。そして、翌四年七月二七日、民部省が廃止されると、民部大蔵合併時代の諸記録は大蔵省にまとめられることとなる。

そこで、由義〔良平〕任官時、民部・大蔵大輔を務めていた佐賀藩の俊英大隈重信の関連記録を集めた大隈文書〔早稲田大学図書館蔵〕を調べたところ、『明治三年大蔵省官員録』の「通商司　少佑」欄に、「福井（朱書）　関戸良平」の記載〔図版5の左より二行目〕を確認できた。この「関戸良平」が由義と同一人物であることは、朝倉治彦編『明治初期官員録・職員録集成』採録「大蔵省通商司少佑」〔明治三年二、四、五、六、八、一〇、一一月〕欄の「源　由義　関戸」という記載からも裏づけられる。

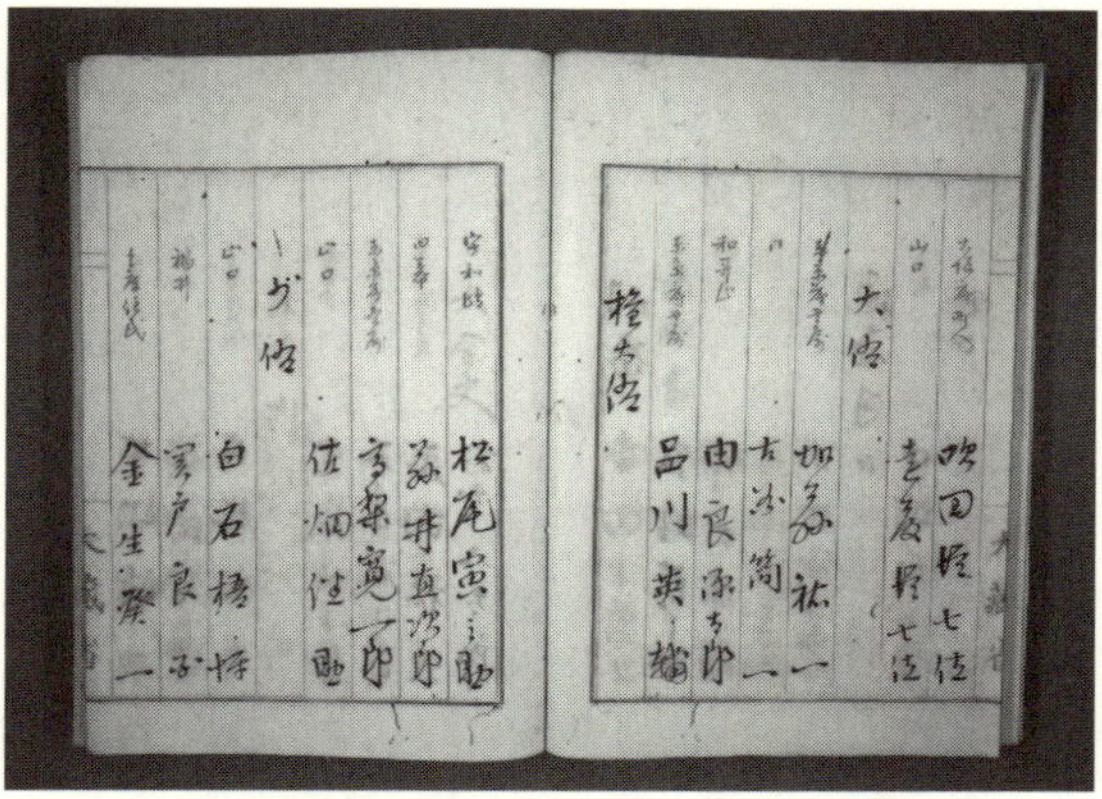

図版５　明治三年版『大蔵省官員録』記載「関戸良平」

由義の任官先となった通商司は、金融・貿易・運輸業務の統轄部署であり、そのもとに置かれた通商会社と為替会社は「日本最初の株式会社」と言われることもある。もっとも、その実体は豪商の共同出資で形成された組合的な事業体の域を出ず、株主の有限責任という根本概念にさえ理解がおよんでいないことから、とても近代企業の体《てい》をなすものではなかった。

なお、通商少佑として新政府の末端に席をえた由義の働きについては、新潟知県事の平松時厚［公家出身］が通商少輔の伊藤俊輔に宛てた明治三年九月二五日付書簡に「關戸通商少佑」の名前が見える。英国書記官の新潟県訪問に際して、民部省より派遣されてきた由義ほか一名の通商少佑が、為替会社に関する書類授受に齟齬《そご》をきたした、との内容である。

これ以外に、通商少佑時代の由義の活動を具体的に記した文書は見当たらないが、正八位の判任官身分なので、明治政府の官僚機構の末端にあって、庶務の処理に日々明け暮れていた、と想像するよりほかない。

由義は一年間通商少佑を務め、明治三年一二月五日に免官となった。そして、新たに兵庫県外務局勧業課少属を拝命、西の開港場神戸に置かれた兵庫県庁に赴任する。

由義が後世に語り継がれる事績を残した神戸。が、彼がそこに進出したのは、たんなる偶然ではない。じつはサンフランシスコ渡航を決意したときから、入念に準備してきた計画にしたがったものであった。

転属工作　大量の外貨を獲得してサンフランシスコから横浜に帰還した由義を出迎えたあと、左一郎は旅支度を調えて、妻の美弥とともに神戸行の定期船に乗り込んだ。『戸籍写』によると、美弥は「嘉永六［一八五三―引用者］年四月廿四日生」まれで「東京府栄町二丁目商筒井仁平亡三女」とある。いささか勘繰れば、左一郎が商家より妻を娶ったのは、資金元を確保するためではなかったか。

このとき左一郎夫婦は、六歳になった由義の長男慶治をともなっていた。じつはサンフランシスコ渡航を企てるにあたり、由義は左一郎に慶治の後見を託している。自分の身に「もしも」のことが起こった場合を想定してのことであろう。

「父上や母上と離れるのは辛かろうが、ほんの少しの辛抱や。神戸に着いたら、おまえが父上を援けて、関戸家の顔にならなあかん」

上等船室に座を確保した左一郎は、眼を赤くしている慶治の頭を撫でた。慶治がこくりとうなずく。

「まずは、新しい家《うち》の庭に学校でもこしらえよか」

左一郎は、虫取りにでも出掛けるような気軽さで言う。

「がっこう?」

「そうや。これからはな、子どもはみぃんな学校で学問をすることになるんやぞ」

左一郎は、煙管《きせる》に煙草を詰めている。

「おやおや。それは義兄様の受け売りではございませぬか」

と美弥が夫の顔をのぞき込んだ。

「受け売りでええやないか。これから義兄さんの頭のなかにあるメリケンをネタに、ひと勝負もふた勝負もするんやからな」

左一郎は煙管を唇から離し、愉快そうに笑った――

神戸への進出は、由義と左一郎にとって予定の行動だった。サンフランシスコで外貨を稼いで帰国するという計画を立てた際、「その儲けを原資として開港場で事業を営む」とふたりは決めていた。

ここで、安政六年六月の開港にさきだち、徳川幕府の手で外国人居留地ならびに日本商人街の造成が綿密に進められ、江戸を中心とする関東甲信越地方より進出した有力商人が地歩を固めていた横浜では、関戸一族の資力を以て獲得できる利益は高が知れている。

これに対して、安政五カ国条約が定めた開港予定日を五年も超過した慶応三年一二月七日、王政復古の大号令直前にようやく港を開いた神戸では、いまだ兵庫津や灘の豪商たちが伝来の家業に精を出していたにすぎない。また、開港が後《おく》れた分、神戸は横浜に較べて海外事情につうじた人材も少なかった。当然、洋行経験者は重宝される可能性が高い。

(手つかずの更地のほうが、区割が済んで家が立ち並ぶ町場よりも、裁量次第で分捕れる土地は大きい)

時代の転換点に立ち、徒手空拳で一攫千金を狙う由義と左一郎の目には、新興の神戸は老舗の横浜に比して、不利《ハンディ》が少なく有利《アドバンテージ》が多い開港場と映った。

その際、ふたりが考え抜いたのは、役割分担ではなかったか。世の中の秩序を構築・維持する公的権力と、その秩序のなかで生きる私的個人。一見、前者が後者を意のままに動かすかのようにも思える。が、江戸期に発達した貨幣経済は、この関係を逆転させた。身分をそのまま生業とする武士は、貨幣という万能の商品を自在に動かす商人に対し、ときに頭を低くして接さねばならなかった。

(公《おおやけ》の威と私《わたくし》の力を兼備すれば怖いものなし。これはいつの世でも変わることなき理《ことわり》であろう)

それまでの人生経験から、由義はこの点を鋭く見抜いていた。

「義兄さんは学問をしっかりやっとるし、商いのこともよう知ってはるさかいに、ご公儀でも天朝様でも、どっちか勝ったほうに仕えなはれ。わては自分で言うのもなんだすけど、学が無い分、不思議に勘が働くよってに、金の使い道を探させてもらいます」

由義の話を聞いた左一郎は、即座に、あっけらかんとした表情で言ったものだ。

こうして、サンフランシスコから無事に帰国した由義は、横浜にとどまって建白活動による猟官に精を出し、かたや左一郎は関戸一族の足場を築くべく、由義が稼いだ金を携えて神戸に先乗りすることとなった。

『三十年史』坤、『神戸市教育史第一集』、『新修神戸市史　行政編Ⅱ』には、いずれも「明治三年、関戸由義が鯉川筋の西沿道、北長狭通四丁目に、木造二階建て洋風校舎と運動場を備えた関山小学校を開設した」旨の記載がある。同校は、関戸家の子弟や親戚・知人の子弟一〇数名に英語、漢文、習字、算術を教授し、英語は由義の渡航に随伴した者が教授したと伝えられるが、残念ながらその人物の特定はできない。

ここで興味深いのは、小学校に冠された「関山」という名称である。由来としては、まず、由義と山本家との秘められた関係を想定できよう。つまり、「関山」とは、関戸の「関」と山本の「山」とを組み合わせた名称、ということだ。

もうひとつは、由義とフサ・左一郎との絆に由来を求めるもの。思い出していただきたい。『戸籍写』にフサが「福井士族山口作右ヱ門亡二女」とあったことを。『取調書』はこれを詐称としたが、筆者はその断定に躊躇《ためらい》を覚えた。福井藩人事諸記録からこぼれた足軽等の軽輩のなかに「山口作右ヱ門」が実在した可能性もあるからだ。もしそうなら、「関山」とは、関戸の「関」とフサ・左一郎方の元姓山口の「山」とを組み合わせた名称とも考えられはしまいか。

話を戻すと、関山小学校の開設が従来、関戸由義か関戸慶治か――『三十年史』坤では「関戸敬次」と表記――によるもの、と伝えられてきたことに再考を促さねばならない。まず、由義はこの時期、大蔵省通商少佑として東京にいる。ついで、慶治はまだ六歳の子どもである。いずれも神戸で小学校を開設するのは難しい。とすれば、この時期、関戸の名を以てこれをおこなえた人物はひとり、左一郎以外には考えられない。

明治二年二月二五日、新政府は全国府県に小学校の設置を奨励したが、それでもいまだ寺子屋や私塾が幅を利かせていた当時、関山小学校の威容は近隣住民の目をひときわ惹いたことであろう。

（関戸は「泰西の事情に通暁せる有為の人士なり」というこっちゃ。よって、「神戸のこれからには、なくてはならん人物」と偉いさん方は考えるはずや）

と、悦に入る左一郎の姿も想像できる。

さて、左一郎が関山小学校を開いた頃、通商少佑を免官となった由義は、兵庫県外務局勧業課少属を拝命している。中央から兵庫県に転じた経緯については、開港場神戸で「事を成す」意志を以て、何らかの誘導工作をおこなったと考えられるが、いかなる筋に、どのように働き掛けたのかは不明だ。

ただし、この人事をめぐっては、『取調書』に意味深長な記述がある。すなわち、由義が通商少佑在職中か免官直後かに、営利事業を起こす目的で神戸に進出する計画を、「旧福井知事公」に持ち掛けた、という。この「旧福井知事公」は、最後の福井藩主として明治二年六月に版籍を朝廷に奉還して福井藩知事となった松平茂昭ではなく、春嶽と号した前藩主松平慶永と考えられる。

（なんとしても、官の人間として、神戸に入らねばならぬ）

思い悩んだ末に由義は、慶永にすがるしかないと決意した。けだし、この前福井藩主はかねてから、才幹ある人間を評価する眼識に定評があったからだ。

（春嶽様ならば、あるいは儂の願いも聞き届けて下さるのでは……）

由義はただちに、山本正伯や岡倉勘右衛門に、この件を相談する。

「本気か?!」

さすがに正伯は驚いたが、由義は「ここが人生の正念場」との気迫を全身にみなぎらせて説得し、なんとか口利きを承諾させた。岡倉のほうは「なるほど。春嶽様には面白い話かもしれんな」と、ことのほかすんなりと引き受ける。

由義はふたりを介して、サンフランシスコに乗り込んで商取引を成功させた手腕、貨幣制度の是正に関する建議、さらには親族による洋風小学校の開設といった実績を慶永の耳に入れ、「関戸由義は開港場の官員にふさわしい人材である」という印象を与えようとした。

由義免官にさきだつ明治三年七月一三日、慶永は麝香間祗候《じゃこうのましこう》［明治維新の功労者である華族または親任官の地位にあった官吏を優遇するために置かれた名誉職］となり、公職から身を引いていた。

「なかなか面白き者じゃな、この関戸良平……」

どう思うか、と慶永はかたわらに控えた本多敬義《たかよし》に問う。

敬義は元福井藩家老で、慶永が最も信頼を寄せる家臣である。号は波釣月《なみちょうげつ》。のちに自身も家族を引き連れて神戸に移住し、関戸家と関わりを持つことになる。

「いささか怪しきところもあるかと存じますが……」

「それゆえに、これからの世では使える者かもしれぬぞ」

正伯と岡倉からの書状に目をとおした慶永は静かに笑った。

「それにしても神戸とは……。坂本を思い出す。あれもまことに怪しき者であった」

冗談めいた慶永の言葉に、

「まことに」

と、敬義も苦笑を洩らしつつ相槌を打った。

ふたりはしばし土佐浪人の坂本龍馬を偲《しの》んで瞑目した。薩長同盟締結に奔走し、大政奉還を建策した幕末の風雲児である。越前福井に経綸家の三岡八郎［のちの由利公正］を訪ね、新政府の財政策を論じた数日後の慶応三年一一月一五日、京都の潜伏先で刺客の兇刃に斃れた。享年三三歳。

「思えば、殿が坂本をつうじて勝安房守に下しおかれた五千両、これが巡り巡って、いまの神戸の礎《もと》となったことを思いますれば……」

「なんとも感慨深いか……」

敬義の言葉に、慶永は遠くを見るような目をした。

「坂本も生きておれば、この関戸のように、みずから異国に乗り込んで商いをおこなったであろうな」

そうつぶやくと、慶永はふっと息を吐き、

「よかろう。関戸良平のこと、然るべく取り計らおう」

と言った──

大蔵省通商司から県外務局勧業課への転属は、いずれも産業振興を管轄する部署であり、下級官吏の職歴《キャリア》形成という視点から眺めると、至極順当な流れと言える。

松平慶永の配慮以外にも、神戸に先乗りした左一郎が北風正造や神田兵右衛門《こうだひょうえもん》といった地元有力者たちに、「兵神の発展に資する人材」として、由義の兵庫県転属を推したのであろう。その際にはやはり、海外渡航の経験や『貨幣之儀』の建白を、由義の実績として大いに売り込んだはずだ。

ここに、物語はようやく「はじめに」冒頭部に立ち戻る。北風家大番頭の喜多文七郎は日誌に「明治四年三月廿四日　晴　曇　四字前《ママ》　県外務局　関戸良平様　少属　右出頭ニ而」と書き留めた。

由義が東京を出発する直前の三月二一日、次男の春雄が誕生している。よって、由義は単身、神戸の地に立った。港には左一郎夫妻、そして長男の慶治が出迎えにきていた。

「父上、このたびは御着任、おめでとうございます」

慶治がはきはきとした口調で挨拶する。由義は思わず目を細め、長男を抱きあげた。

「それに御次男の誕生も……。で、姉さんはどないだすか?」

左一郎が満面の笑みを浮かべている。

「うん。安産で、母子ともに元気じゃ。落ち着けば、すぐに迎えにいくと申してある」

由義は義弟の肩をぽんぽんと叩き、感謝と労いの気持ちを伝えた——

明治四年春、由義と左一郎は、いまだ市街整備も途上にあった西の開港場神戸で合流する。

これがあるいは、神戸が近代的な港都へと成長を遂げていく初日であったかもしれない。

第四章　同時代人の記録

松平慶永の日誌

関戸由義の事績は、活躍の舞台となった神戸においてさえ、いまだ十分に検証されていない。そこで、由義の後半生を語るまえに、少し視点を変えて、彼と接した人びとが書き残した記録をひもとき、謎に包まれたその横顔に迫ってみたい。

まずは、由義の郷里越前福井に所縁《ゆかり》のある人物を見渡せば、由義のことを最も頻繁に書き留めたのは、さきほどから登場している松平慶永。明治三年に一切の官職から身を引いたあとは、悠々自適の文筆活動に入っていた。

そんな慶永がつづった日誌『礫川文藻《れきせんもんそう》』坐右日簿〔福井市立郷土歴史博物館保管〕と、東京小石川水道町にある松平邸の家従が付けた宿直簿『御用日記』〔福井県立図書館保管〕は、書き手こそ異なるものの、いずれも松平家の日常を簡明に記録しており、内容はほぼ重複する。

図版6の楕円で囲んだ箇所をご覧いただきたい。『御用日記』〔明治五壬申歳正月ヨリ十二月迄〕の「明治五年正月二十八日」に「一　唐筆　一箱　一　賀茂川千鳥　一箱　関戸良平　右献上致候事」とある。

これが現存する『御用日記』に「関戸良平」こと由義が登場する最初である。藩政期には

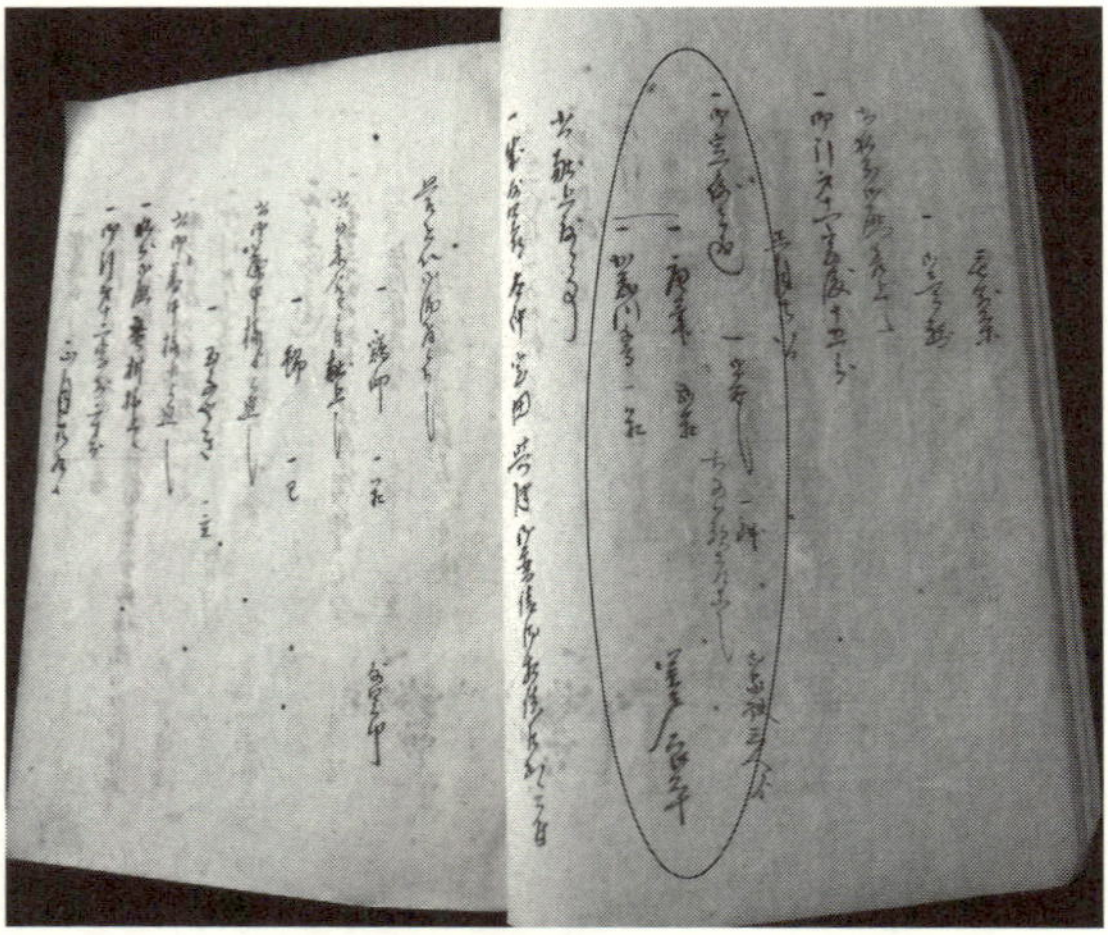
図版６　『御用日記』明治五年正月二十八日にある「関戸良平」の記載

拝謁など叶わない身分であった由義が、慶永と対面する機会をえたのはいかなる手蔓《てづる》によってなのか。それについては、『礫川文藻』坐右日簿に、興味深い記載が二箇所ある。

◇「明治十一年一月四日　微雨　1金　神戸関戸波釣月『本多修理』へ端書郵便祝詞差出」

◇「同年二月十四日　好晴　2木　関戸由義・波釣月・高村高・浅見岱輔へ以直書海苔一箱宛ヲ送ル、右ハ大野規周家来豊島竹蔵帰坂ニ付同人へ托ス」

「二月十四日」の記載については、図版7のように、『御用日記』原本の四角囲みでも確認できる。じつはこの時期、由義と波釣月こと本多敬義は、神戸において近しい間柄にあった。

思えば、王政復古の大号令を経て新政府が樹立されて以降、そこに集った薩長土肥四藩出身の有司と一部の公家たちは、東京《とうけい》城〔旧江戸城〕に若き天皇を戴きつつ、中央集権体制を構築

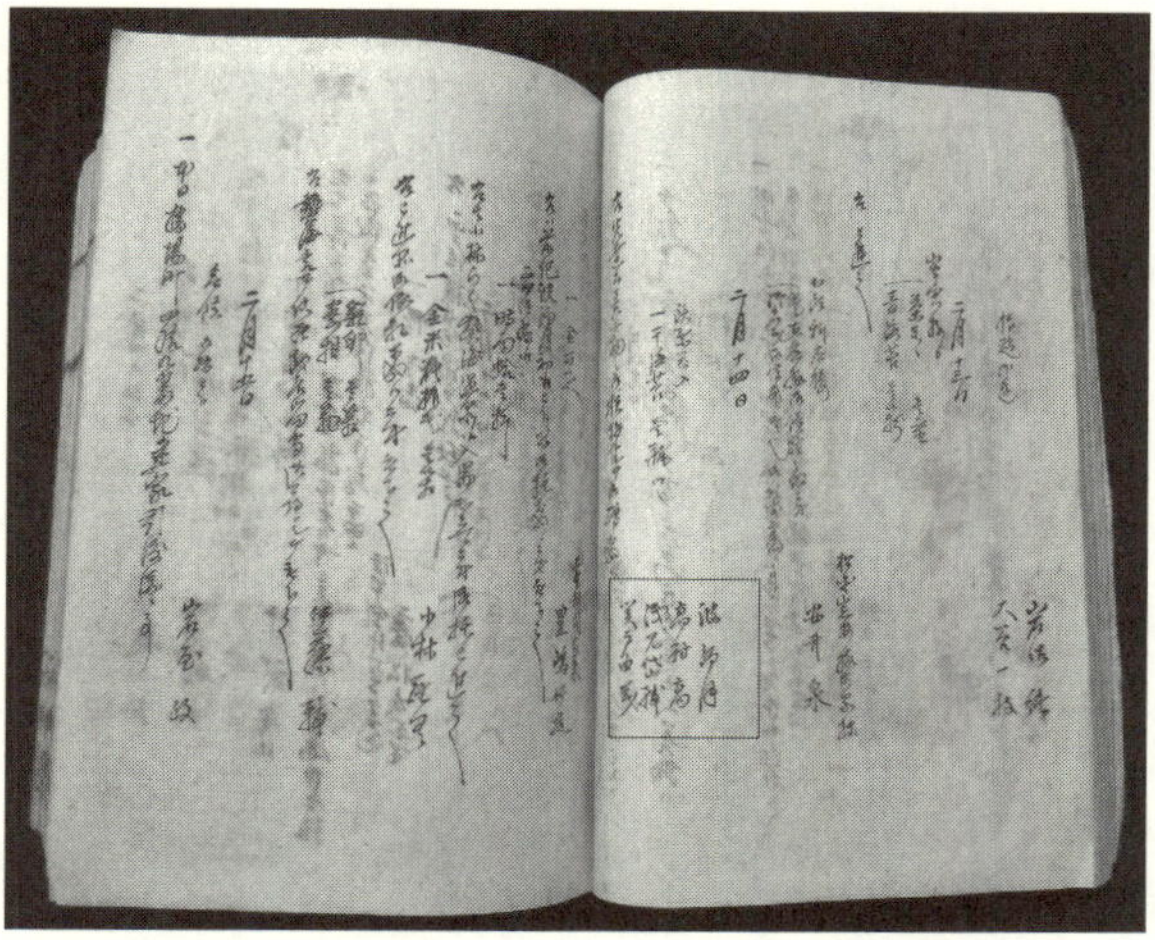

図版７　『御用日記』明治十一年二月十四日の原本記載部

しようと苦闘してきた。版籍奉還後も遅々として進まぬ中央集権化の実をあげるべく、明治四年二月に薩長土の三藩から兵士を召集、いわゆる御親兵を組織する。

　この中央軍の創設によって首府の防衛体制を固めると、新政府は同年七月一四日に満を持して廃藩置県を布告。元藩主は知藩事を免ぜられ、東京に住むよう命じられた。当然、新政府は武力抵抗を覚悟し、御親兵を配備していたが、もはや藩主側に抵抗の意志はなく、すんなりと移行が果たされる。

　かくして、旧大名領・天領の代わりに、三府三〇二県〔年内には七二県に整理統合〕が置かれ、当面は藩政時代の大参事によって治められたが、やがて政府派遣の県知事に統治が委ねられた。中央による地方の直接支配を画した大規模な構造改革によって、二七〇の大名家が消え去り、士・卒両族あわせて全国四〇万世帯、およそ一九〇万人の旧藩士が、その身分に応じて保証されてきた生活の糧＝禄《ろく》を失う。

明治三年末に福井明新館に招聘された御雇外国人ウィリアム・グリフィスは、『明治日本体験記』のなかに、当時の城下の混乱ぶりをつぎのように記している。「町の武士の家には激しい興奮が渦巻いている。（中略）町の老人のなかには心配で気が狂いそうな人がいるし、少数の乱暴者が天皇支持者［勤皇派の人びと―引用者］を、『こんな状態にしたのは、お前らだ。殺してやる』と言っている」と。

藩政期、登用制のもとで暮らした下士や軽輩はまだしも、世襲制によって代々の禄を保証されてきた上級武士層は、旧秩序が足下から音を立てて崩れ去っていく事態に直面し、おのが行く末に果てなき不安を覚えた。本多家の人びとも、それを共有していたはずだ。

兵庫県官を拝命するに際して、由義は慶永の力添えをえたが、経済的な危機に晒されたその側近を支援することで、恩義に報いようとしたのではないか。その見返りとして、波釣月こと敬義は、慶永と面会する名誉を由義に与えた――そう推理すれば、右掲の『御用日記』と『礫川文藻』の記載にも脈絡がつけられる。

士族授産という言葉があるが、ことによると、慶永はその受け皿となることを密かに期待して、由義の兵庫県官拝命に力を貸したのかもしれない。明治九年三月二八日に廃刀令が布告され、八月五日には華士族の家禄・賞典禄の代わりに公債支給をあてる金禄公債証書発行条例が制定［翌年より実施］された。

その二カ月後、隠遁した敬義に代わって本多家当主となった貴一は、足羽県から兵庫県に貫属〔明治初年の戸籍制度の一環で、戸籍の存在する土地を指す〕替えし、家族を連れて神戸に移住した。当初の住所は「神戸区北長狭通三丁目」となっており、関戸邸の隣接地であることから、由義を頼ったと考えられる。

それでは、慶永が由義との交流を記した箇所を左に引いておこう。いずれも由義から慶永への進物贈呈とご機嫌伺い、そして慶永から由義への返礼に類するものである。

◇『礫川文藻』第二十三号

・「明治十二年九月卅（三十）日　晴雨大風八十度半　5火
関戸由義部長局へ罷出」

◇『礫川文藻』坐右日簿

・「明治十二年十月二日　小雨六十九度　1木
関戸由義相招、吸物・酒肴・晩餐ヲ出ス、村田氏寿接伴トシテ罷出、同席談話ス」

・「同年十一月廿五日　陰五十一度　4火
博多帯壱筋・江戸川製紙場製半切三〆・角干海苔ブリッキ入弐箱・羽織帯壱筋・錦絵数枚関戸由義へ過日出京之節之呈上物之挨拶トシテ、右之品以直書送ル」

◇『礫川文藻』坐右日簿

・「明治十三年十月十八日　半晴六十七度半　3月

関戸菓子二箱ヲ呈ス、福澤諭吉へ錦糸煙壱箱・雲丹三合、和田義郎へ雲丹三合、康荘之義ニ付過日配心之挨拶」

・「同年十月廿八日　陰六十五度　4木
神戸関戸由義ヨリ、松茸壱籠ヲ呈ス」

・「同年十一月一日　晴五十七度　1月
関戸由義今般上京ニ付、交肴壱籠ヲ呈ス」

・「同年十一月十二日　陰雨五十三度　2金
関戸由義過日呈上物ノ挨拶トシテ、生菓子一箱・鴨壱羽武田正規ヨリ以テ書状贈之」

・「同年十一月十六日　晴五十七度　3火
関戸由義来邸面会ス、牛肉鑵詰二個ヲ呈ス」

そのときどきにいかなる動機が互いの間に働いていたのかを、文面から読み取ることは難しい。が、由義とその一統にとって、賢候の誉れ高く、回天に尽力し、新政府要人たちにも一目置かれる慶永と誼《よしみ》をつうじることは、新たな時代に立身を遂げるための大きな後ろ盾になった。かたや慶永の目には、旧秩序の崩壊を予測し、変革の波濤を乗り越えんと、おのが器量と才覚のみを恃《たの》んで立身への道を開こうとした由義は、「好ましい存在」と映ったのではないか。なぜなら、家格ではなく自身の才幹によって成功を摑む人間の輩出は、慶永の人材育成理念の正しさを証明していたからである。

文七郎とヒコ

すでに紹介した北風家大番頭喜多文七郎の日誌、そこには由義がたびたび登場する。由義が兵庫県外務局勧業課に着任した明治四年三月当時、北風家当主の正造は通商司為替会社頭取・兵庫県権大属を拝命していたからだ。

着任の二カ月後、由義は豊橋藩［三河吉田藩松平家］が所有する幸鷹丸の売買契約をめぐり、正造との間に軋轢を起こした。文七郎はそれを書き留めている。

◇「五月廿四日
夜ニ入、右等之訳（豊橋藩が幸鷹丸を神戸管内の町人に売却）、主人へ申上ル、何レ明日岡村（兵庫県大参事）与関戸両人（註　兵庫県権少属關戸由義）へ面談之上、取計よし」

◇「五月廿七日
今村、関戸（註　兵庫県属關戸由義）役宅へ出ル。留守中」

◇「五月廿八日
今村、関戸（註　兵庫県属關戸由義）役宅ニ出ル。豊橋藩、中村へ関戸名前を以、相断候段不当之よし」

◇「五月廿九日

主人ゟ《より》被召、岡村（註　兵庫県大参事、岡村義昌）関戸（註　兵庫県権少属、関戸由義）等之儀
御咄有」
◇「五月晦日
早朝、関戸（兵庫県権少属關戸由義）役宅へ出ル」
◇「六月朔日
早朝、関戸（関戸由義）へ断書出ス」
◇「六月二日
主人へ関戸（由義）済口（和解）申上ル」


おそらく由義は独自の判断で、神戸港の回漕業者に豊橋藩が所有する船舶の購入を許可したのであろう。そこに、中央から地方に下った官吏の驕慢さがうかがえなくもない。北風は新参の小役人が自分の裁量を仰ぐことなく、船舶売買という大事を処理したことに、不快を催したと考えられる。

「港というものは船無しでにぎわいようがない。この程度のことにいちいちお伺いを立てる必要などあるまいに……」

由義は渋面を作って、左一郎に事のあらましを語った。

「要するに御大尽ということや。ここはひとつ奉っておきまひょ」

「大層なことだな」

口をへの字に曲げた由義の杯に、左一郎は徳利の酒を満たす。

「北風とともに兵庫は終わるか、兵庫とともに北風は終わるか……」

左一郎は低く歌う。「兵庫の北風か、北風の兵庫か」という俗謡を皮肉ったものだ。

「わかった、わかった。明日は御大尽の御尊顔を拝みにいって参るわ」

仕方あるまい、と由義は苦笑を浮かべ、盃をくいっと傾けた――

文七郎日誌に記された六月二日「済口申上ル」は、結局、下役の由義が上役の正造に謝罪したということになろう。その後、由義と北風の間には、さしたる波風も立たなかったようだ。

文七郎は明治五年二月の由義退官にもふれている。

◇「二月朔日
今日御引ヶ、主人始メ磯田へ年酒之由。
招待御連書
（略）
是迄勧業課。
依願免本官、少属、関戸（由義）。願之通職務差免之事。等外附属第一等、川口」

斜陽の兆しが濃くなった北風家の行く末を憂いつつ、文七郎は明治九年五月二三日にこの世を去った。その前年、明治八年の日誌には、由義と北風の接触がつづられている。

◇「一月廿四日

関戸（註　元兵庫県属、関戸由義、明治五年一月退官）ゟ来状。会社（為替会社）分弐百円為登方ノ添書也。幷《ならびに》過日尋ニ遣し候県庁御用達、歩一金百円ニ付壱〆文ツ、受取候由、尤横町帳箱ニ帳面在之よし申來ル」

◇「二月十九日

関戸ゟ（元兵庫県属關戸由義）來状。大成丸残金掛合之訳、与兵衛（清川）帰京之件、幷ニ貢納歩一（金）之件等尋状也。即日返書出ス。

◇「三月八日

昨日、関戸（元兵庫県属關戸由義）ゟ会社分三百円登ルニ付川源（川崎源八郎）へ差出ス」

明治七年一一月、三井組・島田組とともに、政府大蔵省の官金出納業務に従事し、為替方御三家の一として権勢を誇った小野組が閉店［倒産］した。直前の一〇月二二日、大蔵省は抵当増額令を発し、為替方御三家に預託した官金に対する抵当額を、従来の三割から預託額相当に引き上げたのだ。

その結果、預託官金を元手に債権購入や貸し付けをおこなっていた御三家は大きな衝撃を受ける。なかでも小野組は全国三府六〇県のうち四〇余県の官金出納業務を一手に引き受けていたことから、莫大な額の抵当物件の調達が必要となった。この負担に耐え切れず、小野組は否応なく閉店に追い込まれたのである。

じつは明治六年四月、小野組は本家の小野善助が東京へ、弟の助次郎が神戸へ、それぞれ転籍したい旨を京都府庁に請願した。これが「京都府から課せられる貢納金逃れ」とも噂され、転籍を「不可」とした京都府大参事の植村正直と小野組は法定闘争に突入。これに勝訴した小野組は、政府、というよりも植村の属する長州閥の心証を、いちじるしく損ねてしまった。

──大蔵省の御用を任せてやったところが、小野も三井も島田も図に乗りよって。

政府は、豪商たちの増長に鉄槌を下す機会を、虎視眈々とうかがっていたのだろう。事実、小野組閉店の一カ月後、島田組も抵当額を調達できずに、閉店に追い込まれている。

のちに述べるが、兵庫県官をいったん辞した由義は、貿易行政に発揮した手腕を買われ、小野組に顧問格として招かれていた。そして、小野組の預託官金から潤沢な融資を受け、それを土地投機や採鉱事業に充当する。だからこそ、資金元の倒産は、関戸家にとって少なからぬ痛手となった。

(背に腹は代えられまい。「腐っても鯛」というからな)

由義は左一郎と諮《はか》って、小野組倒産による資金面での損失をおぎなおうと、北風家にも改めて接近を試みたのではなかろうか。文七郎の日記からは、そうした事情もうかがえる。

ところで文七郎は、小野組閉店と同じ時期に、とある人物が北風家を訪れた、と日誌に記している。その名を「彦造唐人」という。天保七（一八三六）年八月二一日、播磨国加古郡阿閇《あえ》村［現在の兵庫県加古郡播磨町］に生まれる。一三歳になった嘉永三（一八五〇）年秋、乗船が遠州灘で暴風によって遭難、五〇日間の漂流を経てアメリカ商船に救出された。

翌年二月サンフランシスコに上陸し、そのままアメリカで教育を受けて市民権を取得。安政六（一八五九）年六月に神奈川在アメリカ領事館の通訳生として、ふたたび日本の土を踏む。同僚には、あのヴァン・リードがいた。

かくも劇的な青春を送った「彦造唐人」、幼名は彦太郎、アメリカで洗礼を受けてジョゼフ・ヒコと改名している。帰国後は「アメリカ彦蔵」とも渾名された。文久三（一八六三）年九月に領事館通訳を辞し、慶応元（一八六五）年二月に横浜でヴァン・リードや岸田吟香と協力して『海外新聞』を発刊したことから、「日本の新聞の父」とも称されている。

ついでながら、ヒコとヴァン・リードは、肩を並べて一枚の写真に納まるほど親密であった。ヒコが大切に保管していたこの写真［図版8］はいま、『ヒコとヴァン・リード』（一八五八年）として、播磨町指定文化財に登録されている。

ジョゼフ・ヒコは、明治七（一八七四）年一二月一日、兵庫鍛冶屋町の北風家屋敷に入来。正造と文七郎を説いて、共同事業に乗り出すこととなった。翌八年五月、北風家より一万円を

図版８　『ヒコとヴァン・リード』

融資されたヒコは、神戸栄町通に製茶輸出業の店舗を開設。中山手通六丁目に二二〇坪の土地を購入し、洋館平屋四〇坪と日本建築二階建て一二坪の住居を構えた。

そこは関戸邸が立つ北長狭通四丁目から遠からず、当然、ヒコは由義やその家族とも顔を合わせる機会があっただろう。

ヒコは明治八年から二一年まで神戸で暮らしたが、その回想録『アメリカ彦蔵自伝』（原題は、Jeseph Heco/James Murdoch.ed., *The Narrative of a Japanese*, Vol.1/2, 1893.）には、由義と思しき人物との接触が記されている。

「[神戸市街地の—引用者] 驚くべき値上りは、おおむね土地の投機の結果であって、（中略）問題の男は土地を買うと、それをみずから評価して地方当局に提出し、当局はそれを正当だと証明してくれたらしい。そこで彼は、その土地を隣県の県庁に抵当に入れ、こうしてこしらえた金をさらに不動産に投資し、このやり方を繰返していた（中略）私も一度はこの投機師に会う機会があった。その折に彼は私に、『神戸で土地の横領［不動産取引のこと－引用者］をやって、ひともうけするという構想をいだいたのはサンフランシスコでのことであった』と語った。というのは、シスコは東洋と西洋の玄関口であるところから繁栄をもたらしたのだが、同じように神戸も日本の中央に位置するところから、必ず栄えてゆくに違いない、というのであった」

ここに語られた官民一体の投機的な不動産取引は、ヒコが神戸に入る以前の出来事であり、周囲から聞いた話も加味されているだろう。

関戸家が投機目的で取得した不動産の名義は、全てが「関戸慶治」となっている。だが、投機が最も盛んなりし頃、慶治はまだ一〇歳程度で、実際にそれをおこなったとは考えにくい。後見人の左一郎が由義と連携して、慶治の名義で不動産の取得と転売を引き受けたと考えるのが妥当である。

そうすると、右掲引用における「問題の男」・「この投機師」の正体は、慶治の名を使った左一郎となろう。逆に、サンフランシスコの思い出をヒコに語った「投機師」は由義と考えるよりほかなく、ヒコの記憶に錯綜があったものと推察される。かような記憶違いを誘発するほど、由義と左一郎のもちいた土地投機の仕掛けが巧妙であった、ということではなかろうか。

ふたりの薩摩人

神戸で活躍したふたりの薩摩藩出身者、折田年秀［図版9］と村野山人《さんじん》

図版９　折田年秀肖像

図版10　村野山人肖像

［図版10］も、由義と親しく交際している。

まず、折田の略歴を紹介しておく。通称は要蔵。前薩摩藩主の島津久光に側近として仕えた。箕作阮甫《みつくりげんぽ》に蘭学を学び、薩英戦争では砲台築造と大砲鋳造の指揮にあたる。明治維新後は生野県［現在の兵庫県朝来郡生野町］の生野代官所支配兼但州取締執事を務め、生野銀山一帯の民政を担当したが、薩摩閥重鎮の大久保利通と対立、生野を去る。

明治五年五月、楠木正成の墓所が別格官幣社の湊川神社として創建されると、折田はその初代宮司に任命された。以後、明治三〇年一一月に七三歳で没するまで、同社興隆に尽力している。

折田の奮闘ぶりは、本人が明治六年より約四半世紀にわたってつづった日記にくわしいが、そこに由義との交際を記した箇所を数件確認できる。

①「明治十三年
十月二十六日

一、午後三時より社務所人數ヲ召ヒ、留守中之次第、篤与申附ケ、且ツ金圓七十圓、鷲尾より相受取タリ、又追々客來ニ付、酒肴ヲ設ケ、別盃ヲ汲ム、五時三十分高砂丸ニ乗船す、時ニ内より風呂敷包ミヲ送り参る、此レハ銀作り之短刀なり、船中迄送り人數岡田俊之介・大中（春愛）・佐藤・上野（登）・來住（景起）等なり、船中ニてハ關戸由義乗込、同部屋なり、六時二十分時ニ發船、風氣平穏なり、

十月二十八日

一、夜明ケ林庄五郎より迎人参る、依而荷物引渡し上陸す、關戸氏も同林氏（庄五郎）江誘引す、午前九時三十分之汽車ニて上京す、新橋停車場ニて關戸（由義）ニ別袖、

十二月二十九日

一、林庄五郎方江税所長蔵乗船之由ニて止宿、又關戸一平も参る、

十二月三十日

一、早朝關戸ト共ニ古道具店江参る」

②「明治十八年

四月十九日

一、關戸一平幷ニ本城新介來リ閑話す、關戸ハ出雲へ銅山検査ノ為ニ参るニ付、千家（尊福）氏へ轉書ヲ乞フカ故ニ、千家・北島（脩孝）ノ兩名へ宛テ書面ヲ送リタリ」

③「明治二十一年

一月二十九日
一、關戸・刺賀・林之三名へ明卅日晩飯饗應之案内状ヲ出タス
一月三十日
一、關戸・刺賀・中島來リ、洋食ノ馳走ヲ供ス、
八月十八日
一、昨十七日午前九時、關戸由義死去之報知有之、
八月十九日
一、午後三時ヨリ關戸由義ノ柩ヲ送ル、
九月五日
一、今朝宇田川（勤吾）來リテ、關戸由義地所一件ノ夏《ママ》アリ、
九月十七日
一、工藤八郎來リ、藤田積中・關戸由義之祭典一件ヲ協議す、
九月二十二日
一、明日藤田積中・關戸由義祭典ノ乀《い》ヲ治決ス、猶告文及ヒ歌ヲ作る、
九月二十三日
一、當日ハ藤田（積中）・關戸（由義）之霊祭ニ付、午前九時ヨリ出殿、各宗拝禮終る、
一、當日米人アツキンソン演舌ニ付、目加田駁論紛議ヲ生シタリ、仍而工藤幷ニ村野（山人）

へ書面ヲ投シタリ」

①は折田が明治天皇をはじめとして、松方正義、渋澤栄一、高崎正風、山岡鉄舟、勝海舟、伊東巳代治といった当代の名士たちを訪ねようと、神戸港より横浜にむかう定期船に乗り込んだときのことである。偶然にも由義と同室になったという。

折田のこの記載は、松平慶永『礫川文藻』坐右日簿「明治十三年」にある「同年十月廿八日陰六十五度　4木　神戸関戸由義ヨリ、松茸壱籠ヲ呈ス」・「同年十一月一日　晴五十七度　1月　関戸由義今般上京ニ付、交肴壱籠ヲ呈ス」・「同年十一月十二日　陰雨五十三度　2金　関戸由義過日呈上物ノ挨拶トシテ、生菓子一箱・鴨壱羽武田正規ヨリ以テ書状贈之」・「同年十一月十六日　晴五十七度　3火　関戸由義来邸面会ス、牛肉鑵詰二個ヲ呈ス」という記載に符合している。

一〇月二八日に折田と新橋駅で別れた由義は、土産として持参した松茸一籠を松平邸に送ったあと、東京の何処《いずこ》かに滞在し、一一月一六日に慶永と面会したのであろう。なお、一二月二九日には「關戸一平」なる人物が、折田の滞在する林庄五郎宅を訪ね、翌日の早朝に連れだって古道具屋を訪ねている。「一平」とは、おそらく慶治のことであろう。このとき一六歳、跡継ぎ修業を兼ねたひとり旅であったのだろうか。

②は、明治八年頃より由義が手掛けた採鉱事業にふれたものだ。『戸籍写』には、由義一家

が「北長狭通四丁目二十番邸　鑛山商」と記されている。明治一七年一月四日に退隠した由義から家督を継いだ一平（慶治）は、出雲国《いずものくに》神門郡《かんどのこほり》大字《おおあざ》鵜《う》峠《ど》浦《うら》銅山［現在の島根県出雲市大社町鵜峠］の開発に乗り出そうと、折田を介して、出雲大社の千家・北島に接近をもくろんだ。この関戸家の採鉱事業については、別に章を設けて論じたい。

③の一月二十九日・三十日に記された「關戸」は、由義なのか、慶治なのか、はたまた左一郎なのかは判然としない。興味深いのは、八月十八日由義逝去の報から一カ月後に企画された「藤田《ふじた》積中《もりちか》・関戸由義之祭典」に関する記載であろう。これは黎明期神戸の逸話《エピソード》として、しばしば取りあげられてきた。さしあたり『三十年史』坤の記述を引こう。

「明治二十一年九月村野山人、小寺泰次郎等神兵両市の開進に尽力して遠逝したる故藤田積中、関戸由義の為めに湊川神社内に於て神佛耶三教混合の追善零祭を行ひ、一場の紛議を生じたり、—此の祭典に於て米国宣教師アッキンソンは、人の霊を祀《まつ》るは野蛮人の所業なりとの意を演説せしより、佛教の鼓吹者目賀田榮氏は此の演説を以て、死者を侮辱し國體《こくたい》を誹議せし者なりとして辯駁《べんばく》せり、此処に於て静粛端厳なるべき祭典は人々相顧みて作色せざるを得ざる光景を呈出したり」

由義とともに追善供養された藤田積中は、文政一二（一八二九）年六月二五日に兵庫富屋町一番地で生まれた。図らずも同い年のこの両者、じつは民部大蔵省通商司において同僚の間柄であった。図版5に示した『明治三年大蔵省官員録』「通商司　少佑」欄に記載された「福井（朱書）　関戸良平」の隣に、「兵庫住民（朱書）　金生發二」の名が見える。これがじつは藤田の別名であり、喜多文七郎の日誌にも「金生」の名は頻繁に登場する。

金生こと藤田は、明治政府に九年間出仕したあと、明治一一（一八七八）年八月、叔父の死去にともなって富屋町の酒造業を継ぐ。以降、兵庫商法会議所会頭、兵庫県会議員、同県会副議長を歴任、明治一五年には北風正造とともに神戸製茶改良会社を創設した。同一六年に『神戸又新《ゆうしん》日報』発行元の五州社役員となり、同二〇年には湊川流域改修事業に参画している。明治二一年一月八日午後五時に富屋町自邸で逝去したが、生前にはかつての同僚であった由義とも親しく交際したであろう。

儒学者にして勤皇家であった藤田は、生前、楠木正成を崇拝していたことから、合同霊祭においては「神佛」、つまり神道・仏教にて追善されたはずだ。他方、由義は「耶蘇《やそ》」、すなわちキリスト教による礼拝を受けたと考えられる。

これがはからずも、摂津第一公会宣教師ジョン・レイドロウ・アトキンソン（John Laidlaw Atkinson）の「人の霊を祀るは野蛮の所業」という批判を呼び、これに対して仏教鼓吹者の目賀田栄が「死者を侮辱し、我が国体を誹謗した」とアトキンソンを威嚇。思わぬ宗教論争へと発展した。

由義はキリスト教新派＝プロテスタントに共感あるいは信仰心を抱いていた。ただし、いつ、いかなる契機で、彼がプロテスタントとむすびついたかは定かでない。サンフランシスコ滞在中に入信したのか、帰国後、神戸で知己となった志摩三商会関係者の影響によるものか。志摩三商会は、明治維新後、摂津三田藩九鬼家の主従が神戸栄町三丁目に開設した医療機械の輸入会社であるが、その裏では前藩主の九鬼隆義と股肱の白洲退蔵・小寺泰次郎が土地投機で巨利を博した。由義とは不動産取引を介して密接な協力関係をむすぶこととなる。

ついでながら、由義墓は、竿石に没年月、中台に眷属名を刻んだだけの簡素な和型石碑であり、香炉や拝み石は付属せず、花立部には家紋さえ刻まれていない。偶像崇拝を忌避して、勤労による致富を善とするプロテスタントの合理的精神が、そこはかとなく漂う気もする。

折田日記にも登場する村野山人は、明治九年に飾磨《しかま》県五等警部となり、飾磨県・豊岡県・淡路島の兵庫県編入にともなって、兵庫県一三等出仕となった。明治一二年一月の郡区再編で神戸町・坂本村が合併し、新たに神戸区が成立すると、村野は翌一三年六月に神戸区長心得、一四年には八部《やたべ》郡長を経て、神戸区専任区長を拝命した。

由義とは親しく、村野山人文書〔村野利昭所蔵〕には『闢戸由義書翰』が三通収められている。いずれも年不詳であるが、村野が神戸区役所に在った明治一三～一九年の間にしたためられた可能性が高い。

①「昨日ハ御懇情之御回章ニて本日御招ニ預り難有昇置可仕之処、

昨日より俄ニ頭瘡痛ヲ発し水蛭ヲ付候処、夫か為メ面部江浮腫ヲ発し候間、
甚失敬ニ候得共、今日御断申上候、猶委細使之者より奉申上候
恐々不尽
一月八日　由義拝
村野様」

②「此免幷生雲丹国元より持帰り（後略）
三月三十日
関戸拝
村野様」

③「御錦字致拝誦候、陳ハ本日御差支之趣致拝承候、
然リ夕景迄なれハ御来臨被下候趣過刻申上候通三宮御退庁より御来臨之程奉待候、
県令閣下も御退庁より御来臨被下事ニ申上置候
篠嵜君ハ御先約之御用有之由ニて過刻御断ヲ受失望、此事書余筆縷譲拝謂候、不尽
四月十一日
關戸由義
村野君　奉拝」

まず、①は急な体調不良によって村野の招きに応じられなかったことへの詫び状。②は郷里福井への帰省を報告したものだが、『取調書』に記された由義と山本家との親密な交際を匂わせる史料ではなかろうか。③にある県令閣下は、明治九年九月から一八年四月まで兵庫県令を務めた森岡昌純と考えられる。

同郷の先輩森岡の腹臣となった村野は、森岡の県令退任から一年を経た明治一九年に下野、山陽電鉄会社副社長に就任したあと、豊州鉄道、阪鶴鉄道、摂津鉄道、南海・京阪・神戸各電鉄会社でも要職を歴任、「鉄道翁」の異名をとる。

晩年は日露戦争で旅順攻略を指揮した乃木希典《のぎまれすけ》に私淑、明治天皇崩御にともなう乃木の殉死に感激して乃木神社建立に力をそそぎ、また「額に汗を流す産業人の育成」を謳った村野徒弟学校［現在の村野工業高校］の設立にも私財を投じた。

以上のように、前福井藩主の松平慶永、兵庫北風家大番頭の喜多文七郎、漂流民として数奇な運命を生きたジョゼフ・ヒコ、薩摩閥の有力者である折田年秀と村野山人という、いずれも幕末維新史や神戸近代史にその名を残す人びとが、由義との交際を記録している。

ただし、右に取りあげた人物たちの記録はいずれも、由義とその家族、とくに慶治と左一郎との関係について何も記していない。こうしたこともまた、「関戸由義＝関戸慶治」という誤った図式を生み出す遠因となったことは否定できない。

第五章　兵庫県庁の能吏

神戸人物誌　物語の舞台は、ようやくにして神戸へと移る。由義は長男慶治の後見人左一郎と、あたかも一心同体のごとく連携し、官・民相異なる立場を巧妙に利用した同族事業《ファミリービジネス》に乗り出した。そこで、まず、由義が兵庫県外務局勧業課少属として赴任した明治四年前後の神戸政財界を、人物群に焦点をあてながら概観してみよう。

安政五カ国条約は、旧くから廻船の発着港として栄えてきた兵庫を開港場に指定し、外国人居留地を併設すると定めていた。が、兵庫は朝廷の置かれた京都に近く、また二万人を擁する港町として発展していた。そこに居留地を新設するのは、治安維持に照らしても賢明な選択とは言い難かった。

結局、当初の開港予定より五年後れて、兵庫津の東に接する神戸村一帯を開港場とし、居留地を設置することで調整、慶応三年一二月七日［西暦一八六八年一月一日］の開港日を迎える。当然の成り行きとして、開港と同時に発足した居留地が神戸村の海岸沿いに敷地を持ち、日本人街もそれに隣接して設けられたことから、貿易拠点となる港湾設備もおのずとその一帯に置かれていく。

なお、神戸では居留地が手狭になったあとも、拡張や追加をおこなわず、その外側［東西を旧生田川から宇治川、南北を海岸から山麓とし、走水・二ツ茶屋・神戸の三ケ村のほか、山手の宇治野・花隈・中宮・生田宮・北野の五ケ村を含む地域］に外国人と日本人が混住できる雑居地を設けることで対応した。やがてこの雑居地の存在が、投機的な不動産取引を促す原因となる。

話は前後するが、神戸開港から二日後の一二月九日、王政復古の大号令が下った。それにともない、薩長連合軍が朝命を奉じて幕府直轄地たる兵庫・神戸一帯を支配する、という風聞も流れる。明けて慶応四年一月三日、京都の鳥羽・伏見方面で幕府軍が薩長連合軍に敗れ、徳川慶喜も江戸へ脱出した、との報が伝えられた。一月九日、進退極まった幕府兵庫奉行の柴田《しばた》日向守剛中《ひゅうがのかみたけなか》は、居留地と港湾の造成を放棄し、代官の齋藤洪督《こうとく》とともに、汽船大坂丸に乗って逐電している。

こうして神戸は事実上の無政府状態と化した。そこに到来したのは、開港場という空間《トポス》に横溢する未知の可能性に惹かれた内外の梟雄《きょうゆう》たちだ。彼らの出自と顔ぶれはまことに多彩で、ときに怪しさやいかがわしさも漂う。

慶応四年一月一一日、神戸三宮神社前で、備前岡山藩兵とフランス海兵の衝突事件が発生し、神戸港一帯は一時戒厳状態に置かれた。いわゆる神戸事件である。新生日本が最初に直面した外交危機に際して、新政府と関係国代表者の間を奔走し、事件の早期解決に力を尽くしたのが長州藩の伊藤俊輔、のちの博文である。彼は事件後の慶応四年五月に新置された兵庫県の初代知事を拝命、神戸に近代化の道筋をつけた。

神戸の恩人ともいうべきこの伊藤、じつは幕末に過激な尊王攘夷の志士として、品川御殿山の英国公使館を仲間とともに焼き討ちし、また国学者塙忠宝《はなわただとみ》の暗殺にも関与している。兵庫県官として伊藤知事を補佐した土佐藩の中島作太郎と田中光顕もまた攘夷志士あがりで、坂本龍馬・中岡慎太郎の配下で倒幕活動に挺身した。明治二年六月に第四代兵庫県知事となった紀州藩の陸奥宗光も、中島らとともに、坂本の結成した海援隊で活躍している。

神戸が国際貿易港へと発展していく端緒を、元攘夷志士たちが開いたという、いささか皮肉な事実は、今日の神戸が放つ――東の開港場横浜とは異質の――どこか俗臭漂う奔放な熱気と無縁ではあるまい。

さて、行政面の指導者がこのような連中であれば、そのもとに集った人士たちもまた、一筋縄ではいかぬ猛者《もさ》となる。第四代知事の陸奥は、幕末、紀州藩を脱藩して勤皇活動に参加したが、それを陰で支えたのが紀伊国屋こと岩橋萬造と有本屋こと加納宗七。いずれも和歌山城下の商人で、明治二年五月、蒸気船回漕業の嚆矢である紀萬汽船を大坂と神戸に開設した。

やがて両名は、陸奥の仲介によって、明治三年一月に新政府と三井組が共同設立した蒸気船運輸事業＝回漕会社［その後、回漕取扱所、日本国郵便蒸気船会社に発展］の運営をまかされる。三井家記録文書［三井文庫所蔵］には、明治三年に「紀伊国屋万蔵《ママ》」が作成した『金子借用証下書』二通が収録されている。岩橋と加納が率いた半官半民の海運会社は、同時期に土佐藩の岩崎彌太郎が大坂と神戸に設立した三川商会［のちの三菱商会］と、国内海運業の覇権を賭けた熾烈な競争を展開する。

新たな開港場に商機を見出したのは、岩橋や加納だけではない。さきに紹介した摂津三田藩主の九鬼隆義は、明治四年五月二三日に『三田藩知事九鬼隆義上表』・『副表　臣亦農商ヲ帰スルヲ願上候次第』を政府に提出、主だった家臣とともに伝来の領地を離れて、神戸に進出した。

これにさきだち、小寺泰次郎と白洲退蔵は、三田領内で大胆かつ強引な冗費削減《リストラ》を断行。八幡宮山林の杉を伐採して大坂の材木市場に流し、天満宮の御神木は木炭にして出荷、廃仏毀釈に便乗して寺社の梵鐘《ぼんしょう》や宝物《ほうもつ》までも売却する。その一方で、村の共有地を没収して農民に重税を課し、藩士の家禄も削減、刀剣や銃器の類いを供出させると、軍制改革を推進中の諸藩に売り飛ばした。

こうして蓄えた資金をもとに、彼らは九鬼家発祥の地「志摩」と領地三田の「三」をあわせて志摩三商会と名づけた輸入商店を、神戸栄町通に開設したのである。

ところで、兵庫県庁に赴任した由義が真っ先に面会したのは、北風家第六六代当主の正造貞忠。幕末期に勤皇の志士たちを陰ながら支援した功により、慶応四年二月に兵庫県会計官と商法司判事を拝命、名主代表として切戸町《きれとちょう》の兵庫裁判所に出仕した。以降、通商司為替会社頭取、兵庫県権大属、回漕会社頭取、兵庫米会所頭取、教部省検訓導を歴任する。

ついでながら、初代県知事の伊藤俊輔が最初に勤務した庁舎は、切戸町に置かれた旧大坂奉行所の与力同心勤番所。が、ほどなく老朽のために兵庫湊町の北風正造別邸あらしの花壇に一時移転し、明治元年九月、外国人居留地近くの八部郡坂本村に新設された。

このとき、兵庫津の名主・年寄連が「このままでは兵庫が廃れてしまう」と嘆き、「兵庫開港と称し、兵庫県と云ふ、而して県庁を兵庫以外に転ずるは頗《すこぶ》る名実に反するを覚ふ（中略）新庁舎建築の地を、兵庫に相することを謂わんと欲す」（『三十年史』乾）と訴えたが、とりあってはもらえなかった。兵庫津の時代の終わりを告げる象徴的な出来事であった。

由義の赴任時、北風正造は兵庫県権大属の地位にあったが、明治六年には藩閥政治への失望から、官を辞して下野している。幕末以来、勤皇勢力に惜しみない支援を続けてきた北風家の資産は、この頃すでに限界を迎えていた。

（北風の金蔵はもう空だ。兵庫津の栄華もまた、過去のものとなった）

由義と左一郎はそう見切り、地生えの豪商ではなく、新政府の為替方を拝命した小野組を当初の資金元に選んだ。明治七年に小野組が閉店すると、同じく政府為替方を務める三井組に接近していく。

このように黎明期の神戸には、海外貿易が生み出す莫大な利益にあずかろうと、内外から野心家たちが群れ集った。彼らが胸に秘めた理想や欲望は、神戸の発展を牽引する原動力となる。「砂灘一帯波浪の洗ふに任せ、宮前浜と弁天浜とに神戸村の船入場を存するの外は、神のまにまになる風情を示し、汐風寒く、荻の枯葉を動かすのみ」（『三十年史』乾）と謳われた寂しい海浜は、次第に貿易港たる体裁を整えていく。

明治四年三月一〇日には、居留地に暮らす外国人の要請を受けて、生田川の付替工事も開始された。この川は現在、布引の滝からの急斜面を真っ直ぐに南下し、最短距離で小野浜に落ちる。だが、付替前の川幅は広いところで一〇〇メートルにも達し、それが緩やかに湾曲しながら外国人居留地の東側をかすめるように大坂湾に流れ込んでいた。乾燥が続くと水は涸れるが、大雨が降ると様相は一転、山から大量の土砂を押し流しながら付近を水浸しにする暴れ川であった。

しかも、下流に押し流された土砂は、氾濫後も堆積して水面を上昇させる。ために、いきおい堤防はそれを上回る高さに築かねばならず、おのずと川底が周囲の土地よりも高い、典型的な天井川となった。

――この川をなんとかできないのか?!

氾濫が起きるたびに、泥水が堤防を越えて流れ込み、居留地民は悲鳴をあげた。

そもそも生田川の管理は、開港当初からの懸案事項であり、日本政府が責任を以て解決することとされてきた。外国側は堤防の改修を求めたが、氾濫のたびに上昇する川底とのいたちごっこになることから、最終的には河川の付替えが選択される。

これに参画したのが、さきほど紹介した加納宗七〔図版11〕。彼は神戸に腰を落ち着けた当初より、陸奥宗光の引き立てもあって、兵庫県庁御用達を務めていた。生田川付替工事では川筋

図版11　加納宗七銅像（神戸市中央区東遊園地）

住民の立ち退きに力を尽くす。そして、付替竣工から一年を経てはじまった旧川跡地の整備工事において、由義と協力関係をむすぶことになる。

開港場神戸の発展について、『神戸市史本編総説』は「明治元年より四年までは其の第一期にして、真に草創の時期というべく、発達の兆候は認むるをうれども、いまだ十分に旧態を脱せず、ある意味において旧時代の連続とも見るをうべし。第二期は以後明治七年に至るまでにして文明的施設ますます加わり、都市としてまた貿易港としての外観ようやく具備し、市況また繁盛せり」としている。都市整備の観点から眺めれば、まことに的確な時期区分といえよう。

ちなみに、「第一期」における神戸港の輸出総額は、九年前に開港した横浜・長崎を含む全国輸出総額の一〇パーセント弱。輸出品目の第一位は製茶、ついで生糸、樟脳《しょうのう》であった。逆に、輸入総額は一三・五パーセントで、輸入品目の第一位は木綿類、第二位は毛織物類。輸入比重の高いことが、以降も神戸港の大きな特徴となる。

由義を長とする関戸家は、期せずして「第一期」から「第二期」への移行期に、神戸進出を果たした。県官となった由義は、民部大蔵省通商少佑を務めた経験にもとづき商業振興策を提起するとともに、サンフランシスコでえた知識を駆使して、新道敷設を軸とする神戸市街の整備計画を着々と進める。港都神戸の創世記は、由義の人生記《ライフ・ストーリー》と重なりあっていく。

勧業課少属　大蔵省通商司から兵庫県外務局に転じた由義は、まず、黎明期神戸の商業振興に大きな功績を残した。賦金制度の創始と貿易五厘金制度をめぐる紛争の処理である。

賦金制度の「賦金」とは公用に供する資金のことで、兵庫県では大・中・小・最小という四種の鑑札を商業従事者に下付、その際に徴収した鑑札料を兵庫賦金もしくは神戸賦金と称して、公費に充当することとした。

『三十年史』乾に「明治四年關戸由義の勧告にて町會所を設け鑑札料参拾圓［三〇円］徴収」とある。これによって、商売仲間組合を結成する商業従事者は、県庁管轄の町会所に三〇円の鑑札料を納めて、許可証の発行を受けねば営業ができなくなった。

一攫千金を求めて開港場に内外の野心家たち——由義とて、そのひとりなのだが——が流入する結果、旧来からの商取引秩序は混乱をきたす。これを規制すると同時に、鑑札料収入で県財政を潤し、以て公共投資を盛んにして市街整備を推進する、という一石二鳥の意図がそこには見える。

つぎに、貿易五厘金制度であるが、五厘金とは本来、安政五カ国条約によって海外貿易が解禁される際、開港場のひとつ長崎で創案された貿易取引税である。横浜では万延元（一八六〇）年、神戸では明治元年二月に採用された。

大坂・神戸・兵庫津の貿易商二二人が元組商社を組織し、神戸東運上所［のちの神戸税関］の一室を借りて、制度業務全般を担当する。輸入品についてはその買付先・商品名・数量・輸入価格・販売価格を、また輸出品については相手先・商品名・数量・価格が記載された書類を、当該業者が歩合金取扱所に提出して納金、その証票として手札の交付を受ける。業者たちはこの手札によって通関手続きをおこなうが、もし価格が不正に記載されていた場合、取扱所はその記載価格で商品を引き取る権利を保有する。

元組商社の手代が県外務係官および町方年寄代人とともに運上所内の荷改所に詰め、五厘金徴収と手札交付を担当したが、商社はこのほかに関税徴収のための鑑定人を雇い、輸出品価格を評価する義務も負った。もし輸出業者がその評価にしたがわない場合、商社は鑑定額を以て商品を引き取るのである。つまり、元組商社は五厘金制度を介して、徴税業務にも協力することになった。

徴収した五厘金は、輸入品の場合、三厘を公費として運上所に積み立て、二厘は商社の経費にあて、さらに余剰があれば商社組合員に割り戻す。また、輸出品については、五厘金の全額を運上所に積み立て、公費とする。

明治四年六月一日、町会所が元組商社から制度運営を引き継ぎ、その際に輸入・輸出両品の五厘金扱いを一本化、その三厘を公費に、二厘を町会所建築費の償却に充当、残余を商社が利殖することとした。

右掲『三十年史』からの引用のごとく、町会所は本来が由義の勧告により設立されたものだから、由義が町会所を介して五厘金の運営を実質的に取り仕切った。『神戸権勢史』にも、「當時知事は中山信彬《のぶあき》権知事にして、歩合金事務に係る掛官は、外務局長少参事加藤祐一、少属闢戸由義等なりき」とある。

五厘金の徴収金額は、明治五年時点で四万五七〇〇両にも達したが、じつは由義が勧業課少属を依願免官となる同年二月頃、公費使用に偏った五厘金制度の在り方に不満を感じた大坂商人、さらには神戸商人までもが、神戸港を離れる動きを示した。

「きゃつら、脅しにきよったわ」

由義は吐き捨てた。

大坂も川口に居留地を設けていたが、当初は開港場ではなく開市場であったことから、外国商船の碇泊が認められず、神戸で輸入された商品は陸揚げ後に大坂へと送られ、大坂で集荷された輸出品は神戸で船積みされた。

大坂が諸外国の要請で開港場となったあとも、川口港は安治川と木津川が分流する河川に面して水深が浅く、大型船舶の出入りには不便であった。ために、外国商はここを敬遠し、続々と神戸に拠点を移す。その結果、貿易に関しては神戸港が圧倒的な優位を誇った。

「なるほどなぁ。神戸の港は使いたいけど、五厘金は払いとうないわけでっか。たしかに売込商にはなんの益もおまへんよってに」

左一郎は苦笑いした。わてが大坂商人でも逃げるわ、と。

「要するに、利に敏い大坂の連中の機嫌を取る必要があるわけか」

由義は天井を睨んでつぶやいた。

「そいつらの尻馬に乗った神戸の連中の機嫌も……」

左一郎が皮肉を込めて継いだ。

（商人連中に利を摑ませ、五厘金払い捨てへの不満を解くしかあるまい）

ふたりはしばし顔を見合わせると、どちらともなく唇の端をにっと歪める。

「まずは県令殿に相談つかまつろう」

由義の言葉に、左一郎はうんとうなずいた――

ときの兵庫県令は神田孝平《かんだたかひら》。天保元（一八三〇）年、美濃国不破郡［現在の岐阜県不破郡］に生まれる。七歳で漢籍を習うが、ペリー来航を機に蘭学に転向、伊東玄朴に師事した。明治元（一八六八）年、新政府に出仕後、一等役官、議事取調御用掛、会計官判事、制度取調掛助等を歴任、同四年二月外務省に転じ、条約改正の調査を担当した。一一月に外国事情通を見込まれて、神戸港を擁する兵庫県の県令を拝命、同九年九月までその地位に在った。

五厘金制度の存続をめぐる容易ならざる事態に、神田は大坂商人と神戸商人の説得を、改めて由義に命じる。これを受けて由義は、五厘金を管理運営する民間会社を設立し、商人側にくすぶる五厘金払い捨てへの不満と不信を解消しようとした。神田はただちに、由義案の実施に認可を与える。明治五年四月のことだ。

かくして設立された新会社は、兵庫県庁より「貿易商会」と命名され、政府為替方を務める三井組［代表・青木善兵衛］と小野組［代表・幾田重兵衛］が社長に、橋本藤左衛門・長井金三郎・武田九右衛門が副社長に任命された。大坂・神戸の商人連は、新会社が兵庫県に渡す上納責任金額を、五厘金収入額の如何にかかわらず、月額二五〇〇円の定額とする方針に満足し、五厘金制度の存続を容認する。しかも、由義はここで三井組と小野組の協力をえると、京都商人の合意も取りつけたのである。

（関戸という役人は、なかなかの切れ者だ。このさき、神戸に利権を求めるならば、この男はたいそう役に立つであろう）

三井組も小野組も、このような印象を抱いたにちがいない。とくに莫大な預託官金額を誇る小野組は有望な投資先を物色しており、神戸の政財界に顔が利く由義を、大きな戦力になると評価した。

五厘金をめぐる紛糾が一応の決着を見たのち、第一区神戸栄町一丁目に支店を置く小野組は、由義を顧問格に招聘している。

「小野組に決まったぞ」

由義の言葉に、左一郎は、

「いささか危うい気もしまんなぁ」

と微かに眉をひそめた。が、すぐに明るい表情で、

「官金が潤沢なことは、なによりの取り柄だす」

とうなずく。

「いまより小野組の官金で土地を買い叩き、商会の五厘金で町割りをする」

由義は温めてきた野望を口にし、

「わしらの手で、神戸をサンフランシスコに負けない港に仕立てあげるぞ」

と、低いが力強い口調で宣言した——

実際、貿易五厘金制度の開設から一八年間に公費として上納された額は、概算四〇万円に達し、明治初期の神戸の土木事業はことごとくがこれによって支弁された、と言われる。後述するように、左一郎が慶治名義でおこなった市街地の不動産取得には、小野組から由義を介して潤沢な資金が融通されている。

栄町通と山手街路

徳川幕府の崩壊前夜に開港した神戸は、居留地の完成が遅れ、生田川の氾濫や台風による海嘯《かいしょう》もたびたび発生、山手雑居地に住居を移す外国人も少なくはなかった。眺望の良さも人気となって、この一帯には内外人が混住する。

ところが、海岸地区と山手地区をむすぶ南北道は、幅一間［一・八メートル］にも満たない小径《こみち》。当然、道路の新設を切望する声が高まる。これに対して、深刻な財政難にあえぐ新政府は応じることができなかった。そのうえ阪神間で鉄道敷設計画が持ち上がると、ただでさえ狭い南北道が線路で遮断されることから、海岸と山手の往来《いきき》にはいっそうの不便が予想された。

この事態を憂慮した兵庫県は、明治四年、鉄道敷設予定地より北側の山手一帯に、幅三間の道路三条の開削を計画した。翌五年四月に新道三条は無事竣工したものの、いずれも従来の小径を若干拡張したにとどまり、互いを連結する東西道もなかった。

じつは新道三条の敷設中、県は改めて山手市街の本格的整備を検討している。そして、明治五年二月にこれを大蔵省に申請、東西三条と南北五条の新道敷設に着工した。その際、直進する街路の左右に、人家を配置することも決定した。

工事も半ばに差し掛かった頃、東西道をさらに一条追加し、幾条かの道の路幅を当初の予定より拡張するなどの変更もくわえて、明治六年九月に全道竣工する。一一月には各新道の名称を大蔵省租税寮に上申し、認可を受けている。

東西道＝「通」は、それぞれ山本通・上山手通・中山手通・下山手通と命名された。かたや南北道＝「筋」は、有本町筋・生田宮筋・三ノ宮筋・城ケ口筋・前山筋・諏訪筋・再度筋《ふたたびすじ》・宇治野西筋と名づけられる。

この山手雑居地の街路造成と併行して兵庫県が進めたのは、鉄道線路以南の外国人居留地を含む港湾周辺の都市整備である。なかでも、居留地から西にむかう道は、幅三間を超えない西国往還と、明治四年一一月に完成した海岸通のみ。前者は港から距離があるうえに幅員が狭く、後者は港に近い代わりに暴風雨による高波被害が甚大となる。

そこで兵庫県は、両旧道の間に新たな東西幹道を開設すべく、明治五年七月に新道敷設を布達した。これはまさに山手街路の敷設工事期と重なっている。居留地を抱える海岸地区を商業空間として、また、眺望が良く水害もない山手地区を住宅空間として、ほぼ同時に整備を進めた明治四〜六年の壮大な都市計画は、あきらかに現在の神戸市街の原点となった。

明治五年九月、兵庫県は西国往還と海岸通の間につらなる旧街区の実測を開始する。その際、新道敷設の責任者に指名されたのが由義。兵庫県史料〔兵庫県公館県政資料館蔵〕三一　政治之部工業第七編『栄町市街設置』には、「關戸由義　當分ノ内十一等出仕ヲ以テ神戸市中新大道取開懸幷町會所懸兼務申付候事　壬申九月十六日　兵庫縣」との辞令が採録されている。

少属にすぎなかった由義が事実上の新道開削責任者を拝命できたのは、小野組の後押しがあったためであろう。小野組は三井組とともに、西の貿易拠点として繁栄が見込まれる神戸での利権を狙い、金融業務を担う神戸為替会社を合資で設立していた。同社が工事費全額を負担する契約を兵庫県と交わした際、小野組関係者が「財務に長け、港湾都市の設計にも造詣が深い」という理由で、由義の起用を兵庫県に奨めたと考えられる。無論、由義もその腹づもりであったに相違ない。

鉄道線路以南、海岸地区を走る東西幹道は、明治六年四月に起工したが、由義はこの工事の指揮にあたる裏で、神戸市街の海岸地区と山手地区をむすぶ南北幹道の開設も画策していた。このとき、由義が白羽の矢を立てたのは、有本屋こと加納宗七。明治四年三〜六月に実施された生田川の付替工事では、川沿い住民の立ち退き交渉に力を発揮する。そして、竣工から一年以上を経た明治五年九月末、加納は生田神社で催された旧川跡地の払下げ入札に参加したのだが、そこには由義の働き掛けがうかがえる。

勤皇商人として鳴らした加納は、志士的気分を多分に有しているから、「未曽有の大道開削によって湊《みなと》の魁《さきがけ》にならぬか」との誘いにも乗るはず。また、「新撰組ともやりあった」と伝えられる胆力は、反対意見などものともしないだろう——そんな読みが、由義にはあった。

加納は由義から旧川跡地払い下げ入札の誘いを受けると、三井組からの融資を確保し、女婿の有本明も参加させて、まんまと全一七区画三万九二六二坪を落札する。実際の入札では有本が一番籤《くじ》を、加納が二番籤を引いたが、両者はもとより「ふたりでひとり」の関係だから、有本が岳父の加納と協議し、取得地所全てを共有する運びとなった。

（露払いとしては、これ以上の人選はない）

由義は左一郎とともにほくそ笑んだことだろう。

じつは入札以前より、加納と三井組との間には縁故があった。加納と同郷の陸奥宗光は、実父の伊達宗廣が紀州藩勘定奉行として三井組と懇意であり、自身もまた志士時代に三井組の庇護を受けている。加納はその陸奥を介して、明治三年に三井組が大蔵省通商司と共同で設立した回漕会社の運営に参画した。このとき、加納が海岸通四丁目に構えていた有本屋は、回漕会社神戸支部として機能する。

旧川跡整地工事の施行者となった加納・有本両名は「家作場＝宅地として開発すべし」という兵庫県の方針にしたがい、付替工事で出た残土を使って旧川床を埋め戻し、川土手を均《なら》し、幅員一〇間［一八メートル］という、当時としては未曽有の大型道路を敷設した。

明治五年一一月着工、翌六年五月に竣工した南北一・六キロメートルにおよぶ道路こそ、今日のフラワーロードの原型となった瀧道筋。その沿道には側溝が設けられ、南北に連なる宅地には、施行者の偉業を称えて加納町――当初は有本町――の名が冠せられた。「神戸発展の魁たらん」という意欲に燃えた加納は、由義の思惑どおり、露払いとなって南北幹道の開設に邁進したのである。

なお、加納・有本所有の宅地はその大部分が、明治六年一一月、工事費用を融通した三井組に譲渡された。その経緯については、志摩三商会の小寺泰次郎が瀧道筋沿いの宅地を坪一〇銭という安値で加納から買いあげ、地価上昇に乗じた転売で大儲けしたとの逸話《エピソード》も伝えられる。が、瀧道筋の竣工からわずか半年のうちに、加納・有本、小寺と三井組の間で、どのような駆け引きがあったのか、また由義がそこにどう関与したのかは判然としない。

加納は明治八年六月、小野浜に小規模な港湾施設――小野浜船溜、通称「加納湾」――を築造するが、その際にも三井組より多額の融資を受けている。また、明治八年六月二〇日、加納は由義を保証人として、地券を担保に三井組より二万八五〇〇円を借り入れた。なお、加納の三男宗三郎は三井銀行に入行しており、明治一九年二月、「三井銀行大元締」より「十五等申渡」の辞令を受けている。

このような加納と三井組の関係からすると、加納が瀧道筋沿いの宅地を三井組へ譲渡することは、おそらく既定路線ではなかったか。その過程で、由義に接近した小寺が幾許《いくばく》かのおこぼれにあずかった可能性もある、と考えておくのが妥当であろう。

閑話休題《それはさておき》。加納・有本による豪宕な南北道の敷設は、神戸の都市開発における最初の壮挙であった。これに呼応して、由義もまた東西幹道の敷設に取り掛かる。まず、鯉川から宇治川にいたるまでの海岸通と西国往還の間に、道路総延長距離五六三間〔一・〇二キロメートル〕、中心線左右各一九間〔三五メートル〕ずつで地所を買い取った。そして、中間幅一〇間を街路敷とし、車道と歩道を区別し、下水溝を設けて、左右の残地奥行一四間〔二五メートル〕ずつの計一万六九〇〇余坪を宅地として整備する。その際、工事予定地の家主には坪当たり七両〔一両＝一円に換算〕の移転料を、借家人には手当二〇両をそれぞれ支払い、敷設予定地に在る建物を全て取り払わせた。

道路開削工事は、神戸町の大塚良助が、石垣築造費を含めた総額一七万七〇〇〇両で請け負う。明治六年正月明けに着工、八月にはほぼ全通し、一一月に外国人居留地より西進して東川

図版12　明治中期の栄町通

崎町の神戸駅予定地へとつうずる幹道が完成。翌七年一月八日、いまは新道に生まれ変わった旧の浜之町・札場町・松尾町・仲町・西之町・城下町・東本町・八幡町・市場町の一部に、末永い繁栄の祈りを込めて、栄町通［図版12］の名が冠された。

「瀧道筋に続いて、またもこのようなだだっぴろい道をとおすとは、さてもさても愚かな所業。無用の長物、法外の費えとなることは必定であろう」

竣工まもない栄町通の雑踏からは、そんな批判まじりの揶揄も漏れ聞こえる。

「これが広いとは……。なんとも将来《さき》が見えぬ方々やなぁ」

左一郎は苦笑いを浮かべ、由義の顔を見た。

「そうだな。こやつらに見えているのは、所詮目先のことばかりか……」

由義の口許には穏やかな笑みも浮かぶ。が、その眼は笑っていなかった。

「港があり、居留地があり、ほどなく鉄道も開通する。銀行や商店が軒をつらね、郵便の取扱所もできよう。人や馬車がひっきりなしにゆきかうことになる。そうなれば……」

周りの騒がしさで、由義は声に抑制が利かない。数人の通行人が思わず足を止めた。

「ちょっと義兄さん」

左一郎に羽織の袖を引かれても、由義は平然として言葉を続けた。

「そうなれば、どうして広いなどと言えるのか、この道が。儂はこれでもまだ心許ないくらいじゃ」

まだな、と吐き捨てると、由義は鋭い眼光で周囲を睨《ね》め回した。

じつは栄町通の幅員は約八間〔約一四・四メートル〕、加納・有本が造成した一〇間幅の瀧道筋よりも、二間ほど狭い。

（このさき、貿易が盛んになり、沿道に店舗がひしめくことになれば、八間幅の道路でさえも、日々増加する物流量に耐えうるかどうか……）

由義が懸念したのは、まさにこの点であった。

（サンフランシスコには、まだまだおよばぬか）

由義はアメリカの港都の威容を思い、ため息を吐いた――

それでも、海岸地区と山手地区をむすぶ南北幹道に続き、居留地と鉄道駅予定地を結ぶ東西幹道が比類なき幅員を備えて竣工したことは、往々にして兵庫を以て語られた神戸を、堂々たる西の開港場として内外に印象づけた。開通直後に第一国立銀行神戸支店が、明治九年には三井銀行神戸支店が設立される。さらに貿易金融・外国為替に特化していた横浜正金銀行神戸支店も設けられ、栄町通はまさに金融業務の中心地となった。

先掲、兵庫県史料三一『栄町市街設置』は、神戸各町の副戸長が連署で「兵庫縣新道開掛　關戸由義殿　石川季遠殿　第一区区長　生島四郎殿」に呈した頌徳表を収めている。曰く、「初発ヨリノ御趣意貫徹仕、全ク御掛方ノ御勉力ニ依リ既ニ功ヲ成シ、随テ貿易ノ便利ハ勿論港内ノ美目ト一統難有奉存候。依テ衆ニ代リ右等具状中上候」と。

「初発ヨリノ御趣意貫徹」という一節は、由義が万難を排して大道敷設に臨んだことを、また、「貿易ノ便利ハ勿論港内ノ美目」については、由義が当初よりこの東西道を、居留地西端から神戸駅にいたる近代的で解放感に溢れた商業街路として構想していたことを物語る。

実際、栄町通の整備事業には、三井組と小野組が神戸為替会社を介して事業費全額を出資した。その見返りとして、為替会社は、竣工後の沿道地転売による金利と利益確保の保証を、兵庫県から取り付けていた。これにしたがって、まず、この両組が沿道一等地を坪四円五〇銭で取得、小野組の破綻後は三井組が沿道地の大半を所有することとなったのである。

為替会社は本来、内外産業振興を目的として、明治二（一八六九）年に通商司の監督下で、東京・横浜・京都・大坂・神戸・大津・新潟・敦賀の八カ所に設置された。神戸では同年九月に、神戸東本町二丁目［現在の神戸市中央区元町四丁目］に開設されたが、三井・小野・島田という京都基盤の豪商の出資に依ったことから、当初よりその実体において京都為替会社の神戸支社という性格を持った。

なかでも三井組〔三井三郎助・八郎右衛門・喜右衛門〕の出資総額四万五千両は、京都為替会社の一〇万両につぐ金額であり、個人出資としては島田組〔島田八郎右衛門〕の二万両や小野組〔小野善助〕の一万五千両を凌駕している。それがために、神戸為替会社の実質的な経営権も、いきおい三井組が掌握することとなり、三井三郎助・八郎右衛門は総頭取を拝命した。

由義は貿易五厘金制度をめぐる紛議を処理した際、小野組だけでなく、三井組とも誼《よしみ》をつうじていた。そのために、栄町通開削をはじめとする神戸市街の整備事業では、神戸為替会社と密接に連携して働いた。おそらくは「影の番頭」と呼んでもよかろう。

これについては、三井家記録文書〔三井文庫蔵〕に、由義の名が記載された三件の事務手続書類――追号一〇八三－三「神戸元為換会社解社後残品幷請払精算詳細書請渡証書幷目録　請取人元社主総代人、引渡担当人　関戸由義」（一冊）一八七九年　関戸由義、三井組代理堀江清六他／追号一〇九六－一三「神戸為換会社解社事務担当ニ付協議書幷関戸由蔵《ママ》トノ約定書写」（二通）一八七四年　田村雄七外二名／追号一〇九七－三「旧神戸為換会社清算ニツキ受払勘定書幷仕払書」（二通）笹山茶商会ヨリ旧神戸為換会社預ケ金返還請求訴訟一件　一八七九年　関戸由義――のあることからも確認できる。

由義自身も、栄町通六丁目の土地を取得したが、これは神戸為替会社の融資によるものであろう。兵庫県史料〔兵庫県公館県政資料館蔵〕一六　兵庫県史政治部駅逓（一～四）『郵便局設置』

によると、明治七年三月、兵庫県は神戸元町通六丁目の郵便役所敷地四三坪八合を、建物とともに三五〇円で、由義に払い下げた。そのうえで、同年一〇月三〇日に新たな郵便役所の開設地として、栄町通六丁目「關戸由義」所有地二〇〇坪九合と東隣地四二坪を六九〇円で買い上げている。

このとき、大蔵省駅逓寮は「早急に外国郵便業務を開始せねばならないから、通常の入札をおこなわず、身元が確かにして誠実な関戸由義に建築工事の段取りを一任する」旨の伺書を、明治七年八月三一日付で大蔵省に提出、九月一三日に承認決議を受けた。

阪神間鉄道の開業にともなって、栄町通を介した人や物の往来が促されれば、いささか離れた場所に立ち、しかも狭小な元町郵便役所では心許ない、と判断した駅逓寮による措置である。これによって由義は、不動産転売と突貫工事請負から相当額の利益を懐に納めた。

横浜を拠点とした猟官運動にはじまり、大蔵省通商少佑を経て、兵庫県外務局勧業課少属、神戸市中新大道取開掛、町会所掛を歴任した由義は、文字どおり兵庫県庁の敏腕官吏として、黎明期神戸の発展に尽したのである。

第六章　不動産取引の内実

諭吉の土地投機

由義は、能吏のほかに、もうひとつ別の顔を持っていた。ジョゼフ・ヒコの回想にもあったように、巧妙な土地投機で儲ける投機師のそれである。

実際にはしかし、投機的な不動産取引は由義の担当ではなく、左一郎が慶治の名義でおこなったと考えられる。明治初年頃の神戸は、外国人居留地周辺にわずかな家が立つだけで、一般の人びとは土地を買うどころか、外国人の来住を忌避して土地を売り急いでいた。

（なるほど。攘夷サマサマやな。ちょいと脅せば、言い値で買えるわ）

左一郎は山手雑居地にめぼしい物件を見つけると、旧住民の外国人嫌悪に付け込んで、安値で買い叩き、慶治名義で登記していく。明治五年二月に土地永代売買が解禁となり、由義が神戸為替会社の運営に関与しはじめると、左一郎の不動産取得はさらに勢いを増した。

神戸地方法務局には、摂津國八部郡神戸港各町地図（以下、各町地図）という五〇枚の地籍図群が保管されている。地租改正を経た明治一〇年当時の神戸港周辺町区における不動産の所有状況を詳記したもので、山手雑居地を含む地図には慶治名義の地所を多数確認できる。また、慶治名義による土地取引の一端を示す左掲の文書も、現在閲覧可能となっている。

◇神戸開港文書［神戸大学附属図書館蔵］

・『関戸慶治温泉開拓願之義ニ付伺』提出年月日不明

・『関戸慶治所有地図面幷隣地境界表』明治六年一月

・『伏願』明治六年二月

・『（無題）建屋地所共貸渡約定書』明治八年五月八日

・『同右英文』

◇神戸開港・居留地・神戸村文書［神戸市立中央図書館蔵］

英国人ジョーゼフに永代貸渡の土地　関戸慶治買受の一件

・『山手地所永代貸地の内　英人ジョーゼフ所有の地関戸慶治買受、ジョーゼフ地租前納にて上納済にて戻し方お伺い　地所掛』明治七年一一月

・『外国人之貸地租下戻方伺』明治七年一一月

・『仕訳書』明治七年一一月

・『外国人へ永代貸地　内国人買請ニ付伺』（兵庫県令　神田孝平　内務卿　大久保利通／大蔵卿　大隈重信に伺い　明治八年二月／大久保利通の返書　朱書あり　明治八年三月一五日）

・『代価請取候儀実正也　然る上はレウエルス・ジョヲセフ商会所有の地面の通、地券幷権理《ママ》　等書付関戸慶治に譲渡候也』明治七年一一月二四日

・『此書面奉願候』（第一区神戸関戸慶治　副戸長　関戸左一郎／兵庫県令　神田孝平殿　明治七年一一月二八日）

取得した土地を全て慶治名義としたのは、左一郎が由義に対して強い親愛の情と敬慕と信頼を寄せていたからであろう。由義のほうも同様であったと思われる。だからこそ、渡米に際して、由義は左一郎に慶治の後見を託し、左一郎も実の子同様に慶治の面倒を見たのではないか。ために、左一郎と慶治の間には、たんなる叔父・甥の関係を超えた情がかよいあっていたにちがいない。

とすると、むしろ「関戸家所有の不動産は全て慶治名義とする」ことは、左一郎の提案によるものかもしれない。実際に、左一郎・美弥夫妻に子ども――明治三年一二月一四日に長女なを、同六年三月五日に長男雄治――が生まれたあとも、この手順がごく自然に継続された。あまつさえ、転売や賃貸を前提として取得した不動産であれば、登記手続のうえからも、名義人は統一しておくほうが好都合である。

由義が実質的な指揮をとった山手雑居地一帯の街路整備にともない、左一郎は由義と示しあわせて、整備地域に慶治名義で所有する不動産を、高値で兵庫県に買い取らせたり、整備完了後に価格の上昇した不動産を、外国人や各地からの移住者、あるいは海岸地区からの転居希望者に売却したり、高値で貸し付けたりして、莫大な差益を稼いだ。そして、それを将来さらに価格上昇が見込めそうな土地の購入に再投資する循環商法によって、関戸家の資産を着実に殖やしていく。

いわば内部者取引の不動産版であるが、これに関与したのは由義と左一郎だけではない。志摩三商会の九鬼隆義と小寺泰次郎も、由義と連携して、藩政時代に蓄えた資金で山手地区の土地を取得。造成後の地価上昇を見計らって売却・賃貸し、莫大な差益を懐に収めた。

ここで、由義と九鬼家主従をむすびつけたのが、ほかでもない、福澤諭吉なのである。九鬼家には川本幸民《こうみん》という蘭学の泰斗がいた。彼は福澤の師匠緒方洪庵《おがたこうあん》と同門であり、幕府蕃書調所では教授として福澤の上司格であった。この川本の紹介で福澤と知り合った隆義は、福澤の先進的な考え方に心酔し、深く師事した。福澤もまた、隆義の人柄を愛し、事あるごとに助言を与えている。

明治三年一一月三日、福澤は高弟で丸善創業者の早矢仕有的《はやしゆうてき》を連れて名湯有馬に遊んだ。その折、隆義と白洲退蔵の訪問を受け、廃藩計画について訊ねられた福澤は、

「開港場の神戸は今後の発展を見込めるから、そこに進出して実業の道を往けばどうか。具体的なやり方は、この早矢仕に教えを乞えばよかろう」

と教示する。隆義はこれにしたがって、明治六年三月、主だった家臣とともに旧領三田を去り、神戸栄町通に輸入雑貨商の志摩三商会を開設した。

その福澤が門弟や知人に宛てた書簡には、「関戸良平」あるいは「関戸由義」という名がしばしば

しば登場している。ふたりは知己の間柄であった。『神戸市史本編各説』には「嘗て福澤諭吉に従ひ米国に遊び泰西の事情に通暁せる關戸由義」という記載も見られるが、これはさすがに眉唾であろう。そもそも福澤の渡米歴は幕臣時代の二回。一回目は安政七（一八六〇）年一～九月の万延元年遣米使節団の一員として、二回目は慶応三（一八六七）年一～六月の幕府軍艦受取委員一行の翻訳方としてのことだ。どちらも、随行員のなかに関戸姓の者はいない。

福澤は隆義に神戸進出を勧めた際、「ぜひ土地を買っておくように」とも助言したらしい。じつはすでに福澤自身が神戸の土地を購入していた。明治五年四月一日から七月一五日頃まで、福澤は京阪神方面および郷里の中津〔現在の大分県中津市〕を巡歴し、神戸に数日間滞在した。そのとき、投資対象として有望な土地の紹介を、由義に依頼している。

同年一一月七日付の島津復生《またなり》宛て書簡には、「当秋同処〔神戸のこと―引用者〕通行之節、私知人関戸良平と申人に頼ミ、神戸之地所買入之為メ金子弐千六百両預ケ置、其後楠社《なんしゃ》〔湊川神社のこと―引用者〕前ニ払地三千四百両之もの有之、右地面買入ニ付、先之二千六百ト、米代之内八百足し、関戸氏に相渡ス手都合なり」とある。

この当時、福澤は旧主である中津藩奥平家の資産管理を任されていた。そこで、開港場として将来が期待できる神戸での土地投機をもくろみ、「私知人関戸良平」に不動産購入の仲介を依頼した。湊川神社付近に取得した土地は、市街整備の進展とともに地価が上昇する。頃合いを見計らって不動産を売却したところ相当の利鞘を稼げて、めでたく奥平家の資産を殖やすことに成功したのである。

しかも、福澤は奥平家の資産運用のためだけでなく、自分自身も不動産投資をおこなっていた。各町地図を眺めると、福澤名義地所を『下山手通貳丁目地図第参拾三號』と『同三丁目地図第参拾四號』に確認できる。

図版13に示したとおり、前者（上図の右四角囲い）に「三十三　畑四畝一ト　福澤諭吉」・「三十四　宅地百七十二坪八合四夕　福澤諭吉」、後者（下図の右四角囲い）に「十四　畠四セ六ト　福澤諭吉」・「十五　畠五セ十六ト　福澤諭吉」・「十八　畠五畝十八ト　福澤諭吉」・「十九　畠六畝十八ト　福澤諭吉」と記載されている。

付言すれば、いずれの土地も慶治名義の地所（上・下図ともに左の四角囲い）に近いことから、福澤の依頼を受けた由義が左一郎と協議して、土地購入の便宜を図ったと推測できる。また、『下山手通貳丁目地図第参拾三號』にある福澤名義地所は、志摩三商会の所有地所「二十五　宅百十六坪三合七夕　志摩三商社」・「二十六　宅八十二坪四合二夕　志摩三商社」・「二十七　宅五十一坪八合一夕　志摩三商社」とも隣接している。

こうしたことから、隆義が土地投機に関心を示したとき、福澤がその筋の権威として由義を紹介したと考えてよかろう。投機的な不動産取引で利殖に励み、それを知人にも勧める福澤の姿を想像すれば、やはり日本銀行券の顔たるにふさわしい人物との感を強くする。

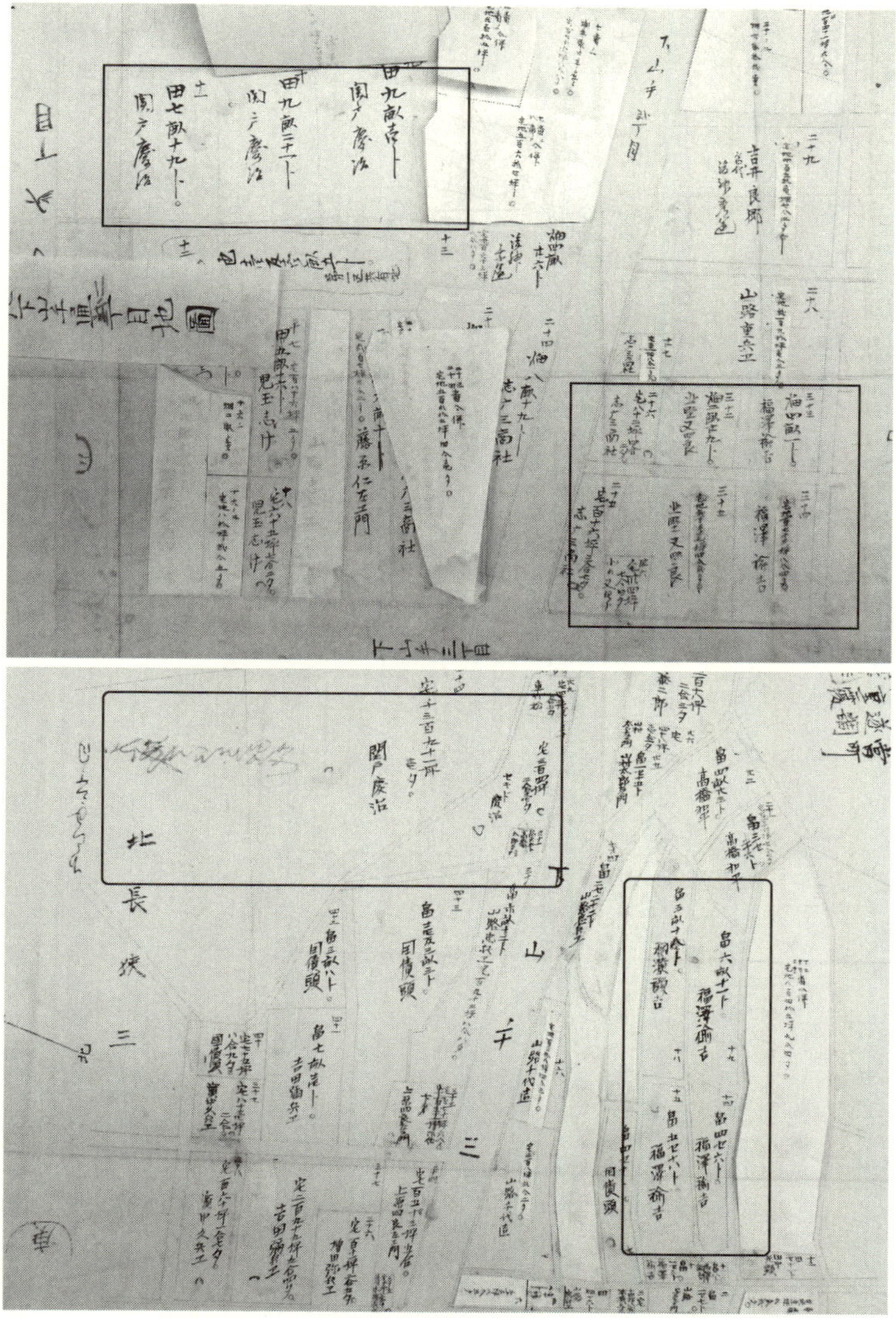

図版 13　福澤諭吉の神戸所有地所（上『下山手通貳丁目地図第参拾三號』・下『同三丁目地図第参拾四號』摂津國八部郡神戸港各町地図収録）

明治一三（一八八〇）年一月、福澤は知識人や実業家の社交クラブである交詢社を結成したが、前年一二月一九日、高弟の小幡篤二郎に宛てた書簡に「神戸の関戸由義も入社の筈《はず》に御座候」と記している。

明治一四年八月三日には、兵庫・神戸およびその近傍に居住する交詢社の社員五四名が、鹿島秀麿・箕浦勝人を総代として兵庫支社の設置申請書を常議員会に提出、同一一日に認可を受けた。そこには由義のほかに、安藤行敬、村野山人、九鬼隆義、白洲退蔵、北風正造、藤田積中といった兵神の名士らが名をつらねている。

ただし、由義と福澤が、いつ、どこで、どのようなかたちで、親交をむすんだのかは不明である。出会いの契機《きっかけ》を記した文書類は、現時点において、由義と福澤いずれの側にも見当たらない。よって、ここでは、さしあたりふたつの可能性を提示しておくしかない。

まず、さきほど登場した早矢仕有的の紹介で、由義が福澤の知遇をえたというもの。江戸で医師として名を馳せ、蘭学や英学にも造詣の深い早矢仕が、慶應義塾に入社したのは慶応三年のこと。

明治二年、早矢仕が横浜新浜町に丸善の前身である外国書籍輸入業の丸屋商店を開いた頃、由義は「横濱本町四丁目小西屋伝蔵厄介」として、建白による猟官運動に精を出していた。建白書の作成にあたって、由義は門屋幸之助だけでなく、学識の高い早矢仕にも意見を求め、その縁で福澤との交際が開けたのではなかろうか。

すでに図版3に示したが、由義が厄介となった小西屋伝蔵は、門屋、早矢仕と近所づきあいの距離にある。ただし、早矢仕有的関係資料（文書六一）〔横浜開港資料館架蔵〕収録の曽我直嗣編『故人交友帖』〔曽我有壬所蔵〕第一～一五冊（釈文）および『名刺帖』〔丸善株式会社所蔵〕に、関戸姓の人物の書簡や名刺は採録されていない。

ついで、由義のサンフランシスコ渡航の際、ハワイにおいて合流した〝Yangimotou〟が福井藩士の柳本直太郎だとすれば、留学先のアメリカからの帰国後、福澤に由義を紹介した可能性もある。柳本が慶應義塾に入ったのは慶応二年二月一二日、そして翌三年四月にアメリカ留学のため退社した。ハワイで由義と思しき〝Dr. Sekido〟の通訳を務めたのが柳本だとすると、福澤と由義を引き合わせたのは、自身帰国後の明治三年以降のことであろうか。

柳本は明治一〇～一七年まで兵庫県官を務め、由義とも親しく交際している。もしもその間に柳本か由義かのいずれかが、あるいは双方が、「維新の頃にアメリカで行動をともにしたことがある」と周囲に語ったならば、それがめぐりめぐって先掲「嘗て福澤諭吉に従ひ米国に遊び……」という誤伝を生んだ可能性もある。

いずれにせよ、由義が福澤のために不動産斡旋の労をとったこと、福澤がその人格を愛した九鬼隆義の土地投機にも手を貸したことは、図らずも福澤にとっての「借り」となった。やがてそれを返すべく、福澤は窮地に陥った関戸家に救いの手を差しのべる。

港都の青写真

神戸為替会社の資金で造成した栄町通を金融商業街に、眺望が自慢の山手雑居地を閑静な住宅街にする都市整備計画は、由義の記憶に在るサンフランシスコを青写真としていた。これをもとに、神戸は開港場という政治的含意《ニュアンス》を持つ空間から、国際色豊かな港湾都市へと変貌していく。

　そこで、由義が滞在したと思しき時期のサンフランシスコの概況にふれておかねばならないが、由義自身がものした記録は残されていない。

　幸いにも由義の帰国から数年を経た明治四年、同地を訪れた日本人が秀逸な滞在記を残している。彼の名は久米《くめ》邦武《くにたけ》。誕生まもない明治政府が欧米歴訪に派遣した大使節団――特命全権大使を務めた岩倉具視にちなんで「岩倉使節団」と通称――に随行した書記官である。復命後、久米は使節団の公式報告録『特命全権大使　米欧回覧実記』の編纂にあたった。そのなかの「桑方西斯哥《サンフランシスコ》ノ記」の一部を、現代文に改めて紹介していこう。

「サンフランシスコはカリフォルニア全州の咽喉であり、アメリカ西岸の要地である。（中略）サンフランシスコが開けたのは近々ここ三〇年のことである。他の都市での開発経験を参考とし、街路は碁盤目に割り付けた。広く真っ直ぐな道で、大きい街路は幅三六メートル、中規模の街路は二七メートルとし、狭い道でも馬車が二台並んで走るのに十分である。（中略）道路は広いけれども、人はまるで狭い谷間を歩くような気がする」

竣工した栄町通を眺めた由義が「今後の神戸の発展を予想すれば、この大道でさえも心許ない」と冷やかに評したのは、おそらく右の光景を思い浮かべてのことであろう。また、山手雑居地を縦横に走る道路――「通」と「筋」――は、碁盤目状に割り付けられた。やはりそこにも、由義のサンフランシスコ体験が色濃くうかがえる。

ついでながら、栄町通は港都神戸の商業金融の拠点として整備されたが、貿易港に隣接した市街地域にこうした機能を持たせたのも、由義の見識によるものだろう。それを裏づける感想が、「桑方西斯哥ノ記」に残されている。

「西洋では、貿易を行おうとするほどのところであれば、必ずや必要不可欠だと考えている設備や機関がある。（中略）すなわち港湾設備、マーケット、銀行、両替商、および商工会議所［原文「船廠《ドック》市場《マーケット》銀行《バンク》相場会所《エキステンチ》、及ヒ商長《コンメルス》等是ナリ」――引用者］である。港湾設備は海を経由して来た荷物を受け取り、マーケットは内陸部の貨物を集め、商品取引の仲介をするために堅牢な倉庫を建てて荷を預かる。（中略）貨幣の取引は銀行の担当である。だから買い手は荷主と現金を持つことなしに取引できる。商況、商品価格の高低は取引所で表示され、その都市の貿易統計は商工会議所が詳細に押さえている。（中略）サンフランシスコではいま述べたような施設や機関が完備している」

おそらく由義も、右の実態を摑んで帰国したはずだ。そして、それを栄町通の造成計画に盛り込んだのではなかろうか。現在、神戸市街の海側は、「桑方西斯哥ノ記」に描かれたごとく、神戸港や川崎・三菱の大型船渠《ドック》、三井などの倉庫群、神戸税関に神戸商工会議所（ポートアイランド内）、大丸神戸店や元町商店街等の商業施設と金融ビジネス街を擁している。その起源は、岩倉使節団よりもまえにサンフランシスコを体験した由義の発想に求められる。

さてここで、時間を少し戻したい。由義にさきんじて神戸入りした左一郎は、北長狭通四丁目邸宅内に、「関山」の名を冠した小学校を開設している。「桑方西斯哥ノ記」には、小中学校の充実ぶりに関する記述がある。

「サンフランシスコの全市には、（中略）四〇の小学校と男女それぞれ一つずつの中学校があり、一五歳以下の就学生徒は、男女あわせて一万九、八八五人に達する。教員の数は三二六人、学校の総費用は四五万九、八五三ドルあまりで、教育税は固定資産の価格一〇〇ドルに対して年間四〇セントを納めるのだという」

由義もサンフランシスコ滞在時に、現地の初等学校《グラマー・スクール》などを見学したことであろう。帰国後、その様子を左一郎に伝え、新たな活動拠点たる神戸で「関戸」の名を売るために、洋風小学校を設立するように指示したと考えられる。いまだ寺子屋が幅を利かせる時代に、私費を投じて洋風小学校を開設したことは、先取の気概と見識の高さを世間に強く印象づけたはずだ。

時代の転換に直面して、これを好機に変えられるか否かは、新たな時代に適合した青写真を描く能力の如何にかかる。明治維新以降、新生国家のスローガンは「欧米に倣《なら》え」であったから、時代が求める青写真を描くには、当然にも「欧米を実体験するに如《し》かず」となる。逆に、欧米体験者は、かような青写真を描ける存在として、周囲から手放しで認められた。

由義に与えられた西洋通という評――「嘗て米国桑港に赴き、西洋都市の一斑を伺ひ知る」（『神戸市史本編総説』）、「嘗て米国に遊び泰西の事情に通暁せる」、「夙に米国に遊びて視察する所ありし」（『同本編各説』）――は、サンフランシスコ体験の持つ価値が、どれほど大きなものであったかを物語る。

さすれば、幕末期に横行した密航も含めて、海外渡航とは多分に、青写真の作成に必要な原版の調達と同義であった。岩倉使節団は、その意味で、新生日本の舵取りを託された人士群が、国家建設のための青写真の原版を、欧米諸国で「爆買い」するための公式ツアーとも解釈できる。他方、由義の場合はあくまでも私人として、新時代の立身に役立つ青写真の原版を、サンフランシスコで買い付けてきた。

結局、由義が持ち帰った青写真の原版は、神戸を近代的な港湾都市へと生まれ変わらせる基礎工事にとって、まことにほどよい質と量であった、ということになる。それは能吏たる自身の手腕を介して、神戸最初の本格的な都市整備事業として具現され、やがて居留地と神戸駅をむすぶ東西幹道が栄町通と命名された明治七年頃にひと段落する。

神戸市は現在、シアトル市と姉妹都市、同じくシアトル港と姉妹港の協定をむすんでいる。アメリカ合衆国西海岸有数の港湾都市であり、歴史的に見ても日系移民たちが港湾労働者として同地の発展に少なからず寄与してきた。だが、港都たる神戸の起源を考えるとき、姉妹――というよりも母娘――の関係にあるのは、サンフランシスコであった事実も、銘記しておくべきではないだろうか。

（サンフランシスコにはまだまだおよばぬが、とりあえず神戸の街割りはこれでよい。あとは年を追うごとに発展していこう。だが、ここまでは下準備にすぎぬ。我が本領を存分に発揮するのは、まさにこれからよ）

由義が褌《ふんどし》を締めてかかったことは想像に難くない。それはさきに紹介したジョゼフ・ヒコの回想――「彼［由義―引用者］は私に、『神戸で土地の横領［不動産取引のこと―引用者］をやって、ひともうけするという構想をいだいたのはサンフランシスコでのことであった』と語った」――からもうかがえよう。ヒコはまた、市街造成推進の裏で、「投機師」こと由義が駆使した狡猾な利殖の手管にも言及している。

「連中は『春秋社』なるものを作って、神戸の外国人居留地区の裏山にある官有地の広大な地所を無料で、（中略）会社用として手に入れた。ここに彼らは火葬場を建設し、その一部は墓地としての地取りをして、ごく手近なところに寺を建てた。次に彼らの打った手は、公衆衛生に害があるとして、地方当局に旧来の墓地を閉鎖させ、こののちの埋葬はすべてこの真新しい墓地にせよ、と命令してもらうことであった。――官命が下るや、民衆の間で全般にわたって悲しげな、深刻なささやきと不平をまき起こした。というのも、その会社は自分の持ちものには途方もなく高い値段をつけるのが適当だとして、笑いごとではないが、四尺四方の土地を一坪と称し、その一坪に（場所によって異なるが）一円五十銭から七円を求めたからである。もちろん、自然の成行きにしたがって、彼らは大変な利益を手に入れた」

栄町通が竣工したのち、由義は旧市街の各町――北野、城ケ口、花隈、宇治野、走水、二ツ茶屋、大手――に設けられた墓地群を、ひとつの大型墓地に統合した。やがて加納宗七や由義自身も眠ることとなるこの墓地は、旧神戸村の一部、堂徳山南側の傾斜面に位置する城ケ口町の一画〔現在の神戸市中央区山本通三丁目一六番、浄土真宗本願寺派の城口山光尊寺と山手幼稚園の敷地に該当〕に開設されたことから、城ケ口共同墓地と称される。

由義は新道敷設を軸に整備した市街中心域の不動産価値を高めようと、まず兵庫県の名によって旧墓地群を廃した。そして、県から譲渡された高台斜面地を、新たな共同墓地予定地に指定。竣工後は、墓地の一区画に法外な価格を付けて販売したのである。

図版14の各町地図採録『山本通三丁目地図第四拾九號』を眺めると、左の六角囲みが関戸慶治名義の地所で、右の四角囲みが「五十六　宅　千五百廿坪三合六夕　春秋社　名代　佐々木

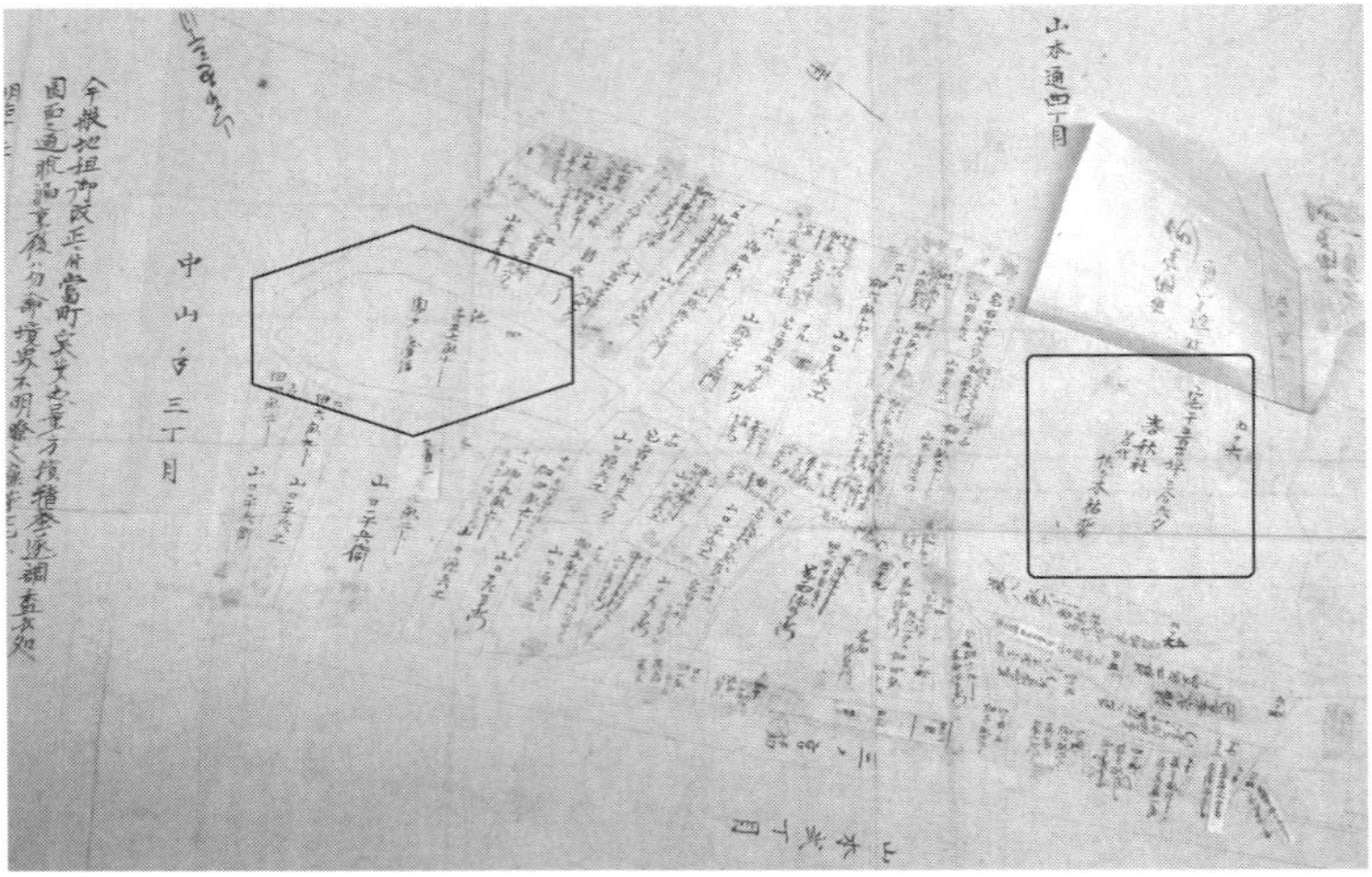

図版14　春秋社の位置（『山本通三丁目地図第四拾九號』摂津國八部郡神戸港各町地図収録）

祐誓」である。これが墓地管理会社で、「名代　佐々木祐誓」は、元町三丁目の善照寺〔浄土真宗本願寺派〕の住職を務めていた。彼は、親和女学校〔現在の神戸親和女子大学の前身〕を同寺内に創設したことでも知られる。

城ケ口共同墓地の造成は、まさに由義が官の権威を利用しておこなった内部者取引の典型であり、これまで由義に付随してきた毀誉褒貶のうち、「毀」と「貶」はこの一件に由来するところが大きい。

だが、少なくとも由義自身には、後ろめたさなど微塵もなかったであろう。けだし、旧墓地群を市街中心地から郊外地へ移設・統合するのは、都市の景観・衛生を維持すること、すなわち、公益に資することを目的とした行為であったからだ。

そして、もしその実行過程において利殖の

機会が生じれば、それは公益奉仕に寄与した者にのみ下される役得であるから、甘んじて受け取るべし——これこそ関戸由義が貫く仕事の流儀ではなかったか。そこにはまた、プロテスタントに特有な合理的精神と勤労観の影響も、ほのかにうかがえる。

幻の関山町

山手雑居地を舞台とした投機的な不動産取引は、左一郎がまず物件を調査・選考し、由義と協議したうえで、所有者との売買交渉に臨んだ。そして、実際の取得に関わる公的手続きは、全て慶治名義でおこなっている。

このような同族事業とも呼ぶべき土地投機のうち、諏訪山温泉郷の開発は、現在も神戸市の名所に数えられる諏訪山公園の起源となった点で意義が深い。その資金は、由義の仲介で小野組より融通されたことから、温泉郷開発も由義の名で語られてきたが、土地取得に関する実務は左一郎が処理したと考えられる。

「サンフランシスコに限らず、メリケンの主だった町には、必ずパルク（park）というものがあってな」

由義は団欒の折、しばしば家人たちにサンフランシスコの思い出話を披露した。

「居留地の東側にできた、火避け地のような広場のことだすか？」

とフサが訊く。二歳の春雄がフサにとりすがり、無邪気な笑い声を立てている。

「うむ、あれもたしかにパルクじゃな」

由義は笑ってうなずいた。

居留地東側の旧生田川堤防敷は当初、〝FOREIGN RECREATION GROUND〟と称されていたが、紆余曲折を経て「内外人遊園地」と名づけられ、日本人と外国人が共遊する空間となった。現在、神戸ルミナリエのメイン会場となっている東遊園地のことである。

「横浜にも随分と立派なものがおましたな。あれは異人らには必要な代物でんな」

左一郎も口許をゆるめた。

「儂がサンフランシスコで見たパルクはな」

と、由義は話の続きをはじめた。

「内外人公園のごとき場所に、いろんな見世物が用意されておる。あちらの庶民は、休みのときなど、一家揃って出掛け、日がな一日そこで過ごしよる」

由義はサンフランシスコ南郊外のウッドウォーズ公園で見た光景を思い浮かべていた。

さまざまな木や花が植えられた遊歩道を進むと、園内の中央には噴水がしつらわれ、動物園、植物園、博物館、美術館が併設されて、野外舞台ではさまざまなショーが催された。

「神戸《こちら》にもそろそろ、老いも若きも、男も女も、皆が愉《たの》しめるパルクのごとき場所を作らねばならんかな」

「やりまっか」

わてらの手で、と左一郎が水をむけた。慶治が眼を輝かせて、父と叔父の顔を見ている。

「ふむ。ぼちぼち動いてもよかろう」

由義がそう言うと、左一郎は、

「ちょいと心当たりがおましてな」

と片目をつむって笑った——

その「心当たり」というのが、山本通四・五丁目から諏訪神社が鎮座する諏訪山山麓にかけて、慶治名義で取得した土地である。左一郎はこの地所を、中宮・花隈・宇治野・北野・二ツ茶屋の五ケ村から、坪当り一分二朱という安値で買い受けた。

じつはそこが優良な鉱泉［地中から湧出する泉水で、多量の固形物質又はガス状物質もしくは特殊な物質を含むか、あるいは泉温が泉源周囲の平均気温より常に著しく高温を有するもの］を地中に蔵していた。これは外国人技師による地質調査で判明したことだ。

（池の水面が妙に泡立っとると思ったら、こんなええもんを蔵《かく》しておったんか）

左一郎は笑いが止まらぬ思いだった。

いわゆる温泉郷は、江戸期より保養の場として、ひろく庶民に親しまれてきた。諏訪山山麓の場合、眼下に神戸港を望む眺望は憩いの場として最適、総合性を兼ね備えた娯楽・団欒の施設になるものと期待できた。

神戸開港文書［神戸大学附属図書館蔵］収録『関戸慶治温泉開拓願之義ニ付伺』および『伏願』は、慶治の名で兵庫県に提出した温泉開発の申請書である。とくに明治六年二月、兵庫県令神田孝平に提出した『伏願』は、温泉郷造成の趣旨を明記している。

曰く、「私所有地之内當港山麓別紙図面之場所より温泉湧出候に付凡七八尺堀穿候處地底一面之青巖硫黄気を含湧出甚敷随て温度も増加候故當港在留之亜國醫師江試験を乞候處同人より別紙鑑定試験書差越候右は可貴有功之良泉に有之候間図面所有地内江土工を用ひ浴泉場并遊園地等開拓仕其余一圓建家造築仕度就ては市街之呼名無之候而者不都合に付関山町といたし度右御許容被下置度此段奉願候」と。

書中注目すべきは、やはり「関山町」の名だろう。その由来については、関山小学校開設をめぐって、すでに私見を示したところであるが、偶然にも「関山」という名称は、関戸の「関」と山手高台の「山」との組み合わせにもなっている。山手高台にひろがる景勝地に賭けた由義と左一郎の夢と野心が込められたかのように。そして、それがいま、着々と実をむすびつつある——そう実感したからこそ、温泉を擁する神戸初の娯楽地に「関山」の名を冠そう、とふたりは考えたにちがいない。

温泉郷造成に際しては、まず由義が花隈で名高い割烹料亭の常盤花壇を営む前田又吉に店舗の移設を持ち掛けた。又吉はこれに応じて、同じく花隈に宜春園を構える九鬼隆義に融資を嘆願。隆義がこれを快諾すると、常盤花壇を諏訪山山麓の温泉場に移転し、温泉料亭の常盤楼として新装開店した。

明治一五年発刊『豪商神兵湊の魁』に描かれた「諏訪山温泉　常盤楼」［図版15］を眺めれば、

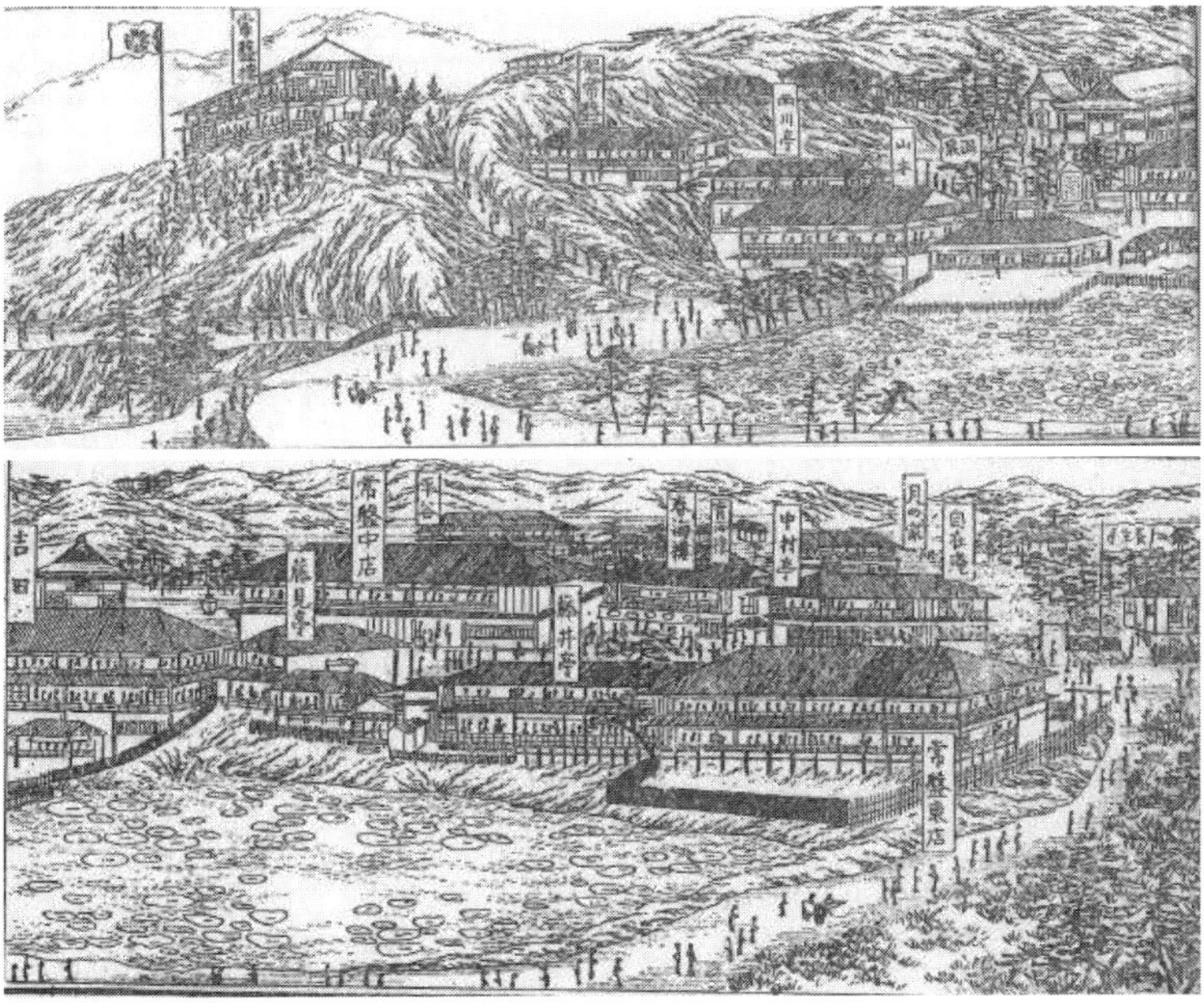

図版 15　「諏訪山温泉　常盤楼」

山麓の温泉郷に東・中・西の三店を構える威容を誇り、訪れる人びともあとを絶たぬ盛況ぶりとなっている。また、隣接する諏訪神社境内の一部は、「諏訪山遊園」と命名された。

　諏訪山温泉郷の竣工後、大蔵省が「内外人遊園地」開設に要した費用の半額を、兵庫県に負担させようとした。そのとき、神田孝平は「諏訪山のように、天然の良い公園がある。人情・風俗のちがう外国人と遊楽をともにする県人は少ないのに、なにゆえ兵庫県が費用を負担せねばならないのか」と反論し、県側の費用負担を免れている。

　（神戸のウッドウォーズ・パルクというところかな）

と、由義は悦に入ったかもしれない。だが、事は思惑どおりに運ばなかった。念願の「関山町」命名は、ついに実現しなかったのである。

じつは諏訪山温泉郷の開設と同じ頃、由義と左一郎は、諏訪山山麓地を小野組に担保として差し出し、その見返りに莫大な資金援助を仰いでいた。おそらくこの決断には、後述する北摂・出雲地域での採鉱事業が関わっていたのだろう。

ところが、以前にもふれたが、小野組は明治六年四月に「京都府への貢納金逃れ」とも噂された転籍事件を起こし、政府の心証をすこぶる悪くしていた。そんな小野組と結託した関戸一族の請願が、兵庫県によって却下されたのも、ある意味、当然の結果といえる。ときの兵庫県令が由義と親密な神田孝平であっただけに、ふたりが味わった衝撃と落胆は大きかった。

（くそったれ!!　他人の褌で相撲をとっていたら、このざまか……）

おのが才覚ひとつで事を成す、と言えば聞こえはよい。だが、そんな強さが、徒手空拳という頼りなさと表裏にあることを、由義も左一郎もこのとき改めて思い知らされた。

そして、明治七年一一月、小野組が破産閉店すると、温泉郷を含む諏訪山山麓一帯の約一万四〇〇〇坪は大蔵省国債局に接収される。

「手痛いしっぺ返しやなぁ」

「やはり政府は、小野組の転籍を根に持っておったか……」

由義と左一郎は顔をしかめた。

「このまま夢と消えるのか、『関山』の名は……」

無念の表情を浮かべる由義に、左一郎もまた、

「栄町通の沿道に、関戸の名にちなむ町区をひとつでも」

こしらえておけば、と歯噛みした。

「メリケンなどに渡らず、尊王攘夷のお題目でも唱えておれば、薩長お歴々へのウケもよかったか」

ヤケクソな言葉が由義の口を衝く。ふたりの間に重い沈黙が流れた。

「違うな。いや、違うぞ、これは」

不意に、由義は唸るように声を絞る。左一郎は義兄の顔をまじまじと凝視《みつめ》た。

「これで挫けるなど、この関戸由義の絵ではあるまい」

と、手のひらでおのが頬をぱんぱん張った。

「すへて、何も皆、事のととのほりたるは悪しきことなり。し残したるを、さてうち置きたるは、おもしろく、生き延ぶるわざなり」

由義は『徒然草』の一節をそらんじて破顔一笑する。

何事においても、完全無欠はかえって、その仕事の命を終わらせることにつながる。逆に、やり残した部分があれば、仕事の命を後世につないでやることもできる——兼好法師の至言である。

「まだまだ、このさきがあるわ。地面がこの世から消え去ったわけではあるまい」

さばさばした口調で由義は言い放つ。左一郎が驚くほど吹っ切れた顔つきである。ただ、その両眼は赤く充血していた――

「関山町」が幻に終わったことは、由義とその一族による事績が、今日に正しく伝承されない一因となった。仮に町名が残っていたなら、その由来となった人物について何らかの顕彰がおこなわれるはずだ。ましてや由義が県官の立場で、神戸の都市整備に多大な貢献を果たしたのであれば……。

このことは、旧生田川跡地に幅員一〇間の南北道を敷いた加納宗七にちなんで、沿道の町場に「加納町」の名が冠され、いまでも東遊園地に宗七の銅像と顕彰モニュメントが立つことを思うと、余りに対照的と言わざるをえない。

小野組閉店後に大蔵省国債局の管轄となった諏訪山温泉郷をめぐっては、明治一三（一八八〇）年、東京で製靴業を営む伊勢勝こと西村勝三が、その払い下げを政府に申請している。西村の動きに対抗して、由義は常盤楼を経営する前田又吉と手を握り、「この地を他郷人に取られてなるものか」と払い下げを申請。

結局、由義と親交の厚い村野山人に率いられた兵庫・神戸両区選出の議員団が政府への陳情活動を展開した結果、翌一四年四月、小野組から由義――実体は左一郎――への融資額に、一割五分の利子を付した金額で、国債局より温泉郷を含む諏訪山山麓一帯の払い下げを受ける認可が下りた。

このときの兵庫県令は、薩摩閥の森岡昌純。彼は兵神の各区民代表と協議のうえ、貿易五厘金から七九〇〇円を支出し、諏訪山山麓一帯を兵庫県の指定公園として再開発することを決定した。その結果、諏訪山温泉郷も従前どおり、神戸屈指の娯楽・遊興施設として庶民の人気を集め続ける。

すでに引いた折田年秀と松平慶永の日記は、いずれも明治一三年一〇月末から年の瀬まで、由義（良平）と慶治（一平）が東京に滞在していた事実を記している。ことによると、諏訪山山麓一帯の払い下げ申請に関わる東上であったのかもしれない。

（諏訪山のことは痛み分けに終わったが、三井組や九鬼家主従と手をむすんでおけば、このさきも土地売買に必要な資金は十分にまかなえよう）

由義と左一郎はそう算段し、新たな事業に関心をむける。

神戸港を眼下に見晴らす山手高台に「関山」を冠した町名は残せなかったが、このふたりに挫折はあっても絶望はない。由義がかつてサンフランシスコで目にしたのは、貿易の隆盛がもたらす市域拡張と市街整備によって、地価がまたたくまに高騰する光景だけではなかったのである。

第七章　鉱山開発の顛末

俄か山師

いわゆるカリフォルニア・ゴールドラッシュは、一八四八年一月二四日にはじまる。それから約二〇年を経て、由義がサンフランシスコの土を踏んだ頃、金鉱採掘の最盛期はすでに終わっていた。

だが、一攫千金の夢を叶えた人びとが、その財を元手にさまざまな事業を展開しており、金鉱ブームの余韻はいまだサンフランシスコを包んでいたことだろう。そこで土地の実業家たちと交流した由義が、短期間に空前の富を生み出した採鉱事業に密かな野心を抱いたとしても不思議はない。

じつは『貨幣之儀』にも、洋銀交換施設の開設によって獲得した利益を鉱山開発等の産業振興に投資すべし、という提言が含まれていた。由義は薬種商家で育ち、また医師修業も経験した。漢方生薬には鉱物由来のものも数種あることから、鉱物資源に関する興味や造詣もあったのだろうか。

そんな由義の野心を叶える条件も整えられる。明治六年七月二〇日、民営鉱山に関する統一的鉱業法典『日本坑法』が制定され、民間の鉱業権者に一五年を年限とする借地によって請負稼行《かこう》できることが認可された。ちなみに、旧生田川跡地に豪宕な南北道を敷いた加納宗七も、明治七年一〇月、摂津国八部郡小部《おうぶ》村堂ノ前［現在の鈴蘭台を含む神戸市北区山田町辺り］で炭鉱採掘に着手している。加納の試みは失敗に終わったが、『日本坑法』の施行と欧米から導入された採鉱技術によって、明治六年以降、全国各地で鉱山業への民間資本の参入が進んだ。

そのなかで、由義は源平のいにしえより隆盛を誇った多田銀銅山の再開発に乗り出した。そもそも多田銀銅山とは、摂津国川辺郡・能勢《のせ》郡・豊島《てしま》郡、すなわち現在「北摂」と呼ばれる兵庫県川西市・川辺郡猪名川町および大阪府池田市・豊能《とよの》郡の大部にわたり、東西・南北ともに一〇数キロメートルの範囲にひろがる鉱脈群の総称である。

明治元年、日本初の政府直営鉱山となった生野銀山は、政府御雇いのフランス人鉱山技師ジャン・フランソワ・コワニエ指導のもとで、最先端の採鉱技術を導入すると同時に、鉱山運営体制の近代化を図った。

他方、国家支援の対象外となった多田銀銅山では、鉱山主たちが自前の稼行を諦めて、外部者に経営権を譲渡する動きも見られる。が、村落の衰退・荒廃を危惧する地元の鉱山関係者は、『日本坑法』制定を機に、阪神地域に赴いて実業家や資産家に投資を呼び掛けた。とりわけ精力的に動いたのは、川辺郡銀山町で吹屋《ふきや》［製錬場］を営む広芝茂兵衛と銀銅運搬に従事する橋本喜兵衛である。

ふたりはまず、江戸末期より川辺郡銀山町に隣接した広根地区で採銅事業に着手していた泉屋［住友家］を介して、大坂の実業家たちに接近したと考えられる。けだし、泉屋は長らく大坂の銅製錬業を支配していたからだ。また、この当時、大坂実業界を率いた五代友厚も、鉱山経営にはすこぶる意欲的であり、「鉱山王」の異名をとっていた。

明治六年一月、五代は資本金五〇万円を以て鉱山経営組織＝弘成館を設立するが、同館内部調進大課長の阪井五一は、明治七年頃より銀山町区の船、台所、瓢箪の各間歩を借区して採銅事業に着手した。

付言すれば、由義は明治五年頃より小野組顧問を務めていたが、五代も小野組と深い関係にあり、明治七年には自身も小野組顧問となっている。そう考えると、おそらく五代の関係筋のなかに、神戸港での貿易に関わる実業家がいて、

――そういうことなら、おもろい奴がおるで。

と、由義の名を吹き込んだのではないか。

――メリケン帰りで、金を動かすことにかけては、いまや兵神随一のやり手や。

そんな評を聞いた広芝と橋本は、矢も楯もたまらず、由義に面会を求めたと考えられる。

「多田でっか……。昔は栄えたらしいけど、いまは」

どうやろか、と左一郎は思案顔でつぶやいた。

広芝と橋本は朴訥な語り口ながらも、投資先として多田銀銅山がいかに有望であるかを、由義と左一郎に熱弁した。

「あそこまで熱心に口説かれると、かえってなぁ……」

左一郎は少し煮え切らない表情を浮かべる。

「疑ってしまうか？」

「そうでんなぁ」

由義はふむとうなずき、

「こればかりは掘らねばわからんことじゃ」

と真顔で言った。そして、

「だから、掘るに如かず、ということになる」

と笑う。

「色恋と同じよ。脈があれば押し、なければ引く。しかし、脈のあるなしは、当ってみねばわかるまい」

「なるほどなぁ」

左一郎は苦笑したあと、口許を引き締め、

「せやけど、深情けは禁物でっせ。山の神は情のきついオナゴとも聞きますよって」

と、この男にしては珍しく、鋭い口調で釘を刺した――

明治八年初春より、由義と左一郎は川辺郡民田村の鳴出・立鉉・厚朴間歩、広根村の字金懸間歩、銀山町の珍幸・櫻間歩、南田原の北浦・石金間歩をあいついで借区、採銅に着手する。

柔軟で加工しやすい銅は、細工物や針金に最適。しかも、その電導率の高さは、電信網が世界規模で拡張している折から、電線の素材として大きな輸出需要が見込まれた。

借区契約締結に際しては、慶治の名がもちいられた。おそらくは、左一郎が地元関係者との折衝を担当したためであろう。幾つかの契約書を紹介しておく。

民田自治会文書『明治八年鉱山稼《かせぎ》ニ付民田村字平井賃貸契約書』には、東西三〇〇間［五四六メートル］・南北五〇〇間［九一〇メートル］の鉱区を、一五年間の借地料三〇円、更新は一五年毎に三〇円という契約で借区した、とある。

また、同右『明治八年鉱山稼ニ付民田村山内地所賃貸契約書』によると、東西五〇〇間・南北七〇〇間［一・二キロメートル］におよぶ鉱区を、年七円の一五年契約で借区し、更新後も同様とされた。

さらに、同年六月、川辺郡国崎村総代理等との間では、間歩絵図付の無期限地所貸借約定が取り交わされる。国崎部落有文書『明治八年六月鉱山稼につき国崎村地所貸借契約書』によると、南は桐山坑から北は松ガ原坑にいたる南北約五〇町［五・四キロメートル］、東西二〇町［二・二キロメートル］におよぶ広大な鉱区で、借地料は一ケ年一五円。各種鉱物の採掘、それに必要な建物や選鉱場・製錬場の建造も認められていた。

これらのほかにも、『戸籍写』には「四男陽一［明治］十年十一月廿四日摂津國川辺郡銀山町十七番地御分家」との記載がある。由義はいまだ一歳に満たぬ陽一を分家させて銀山町居住と

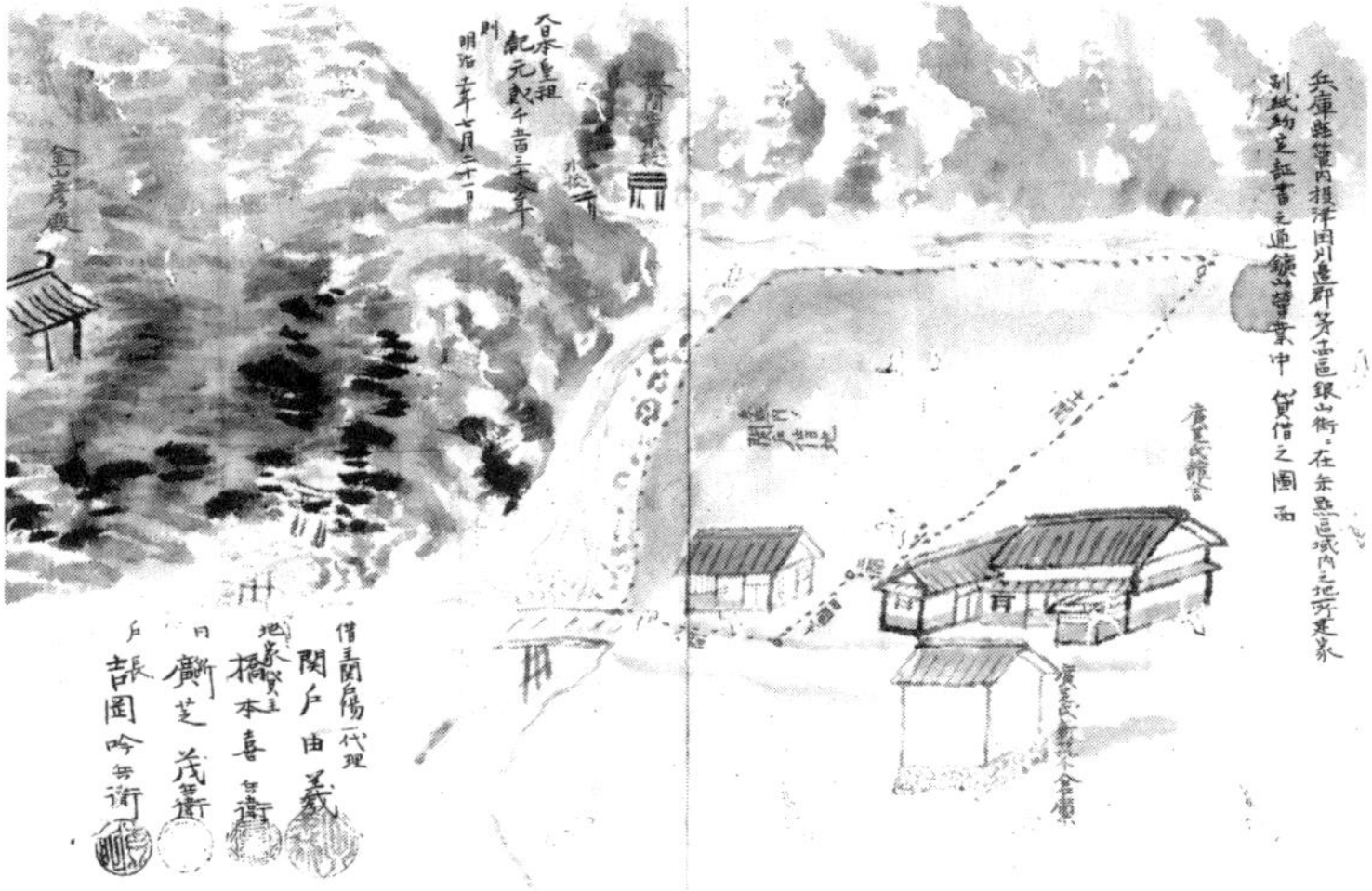

図版 16　銀山町における関戸由義の借区図

し、みずからは陽一「代理」として地元関係者との絆を深めようとした。

　図版16は銀山町における由義の借区を描いた彩色の図面である。折り返し部の左上に「明治十一年七月二十一日」の日付が確認できる。地家貸主は橋本喜兵衛と広芝茂兵衛となっている。折り返し部の右中ほど「朱點内関戸借地」が陽一の転出先に該当する。これは現在の兵庫県川辺郡猪名川町銀山の広根川と野尻川の合流点、金山彦《かなやまひこ》神社を南東に望む「代官所の門（伝承）」横の空き地にあたる。

　付言すれば、陽一の分家時、戸籍事務を管理する神戸北長狭通四丁目外五十ケ町戸長役場は、関戸邸隣接地に置かれていた。そして、同役場の副戸長を務めていたのが左一郎なのである。

　要するに、多田銀銅山の再開発は、まさに

関戸家を挙げての事業であった。当初はすこぶる好調で、明治十年内国勧業博覧会出品解説〔復刻版〕収録『金銀銅主要鉱業人一覧』には、「関戸慶治」の名で、左記の概要が示されている。

物名	府県名	産地	鑛脈	開坑年歴	産額	価額
銀銅鑛	兵庫県	摂津國川邊郡民田村字立鉉坑	根南向北	明治七年	拾萬貫	壹萬六千七百貳拾五圓
仝	仝	仝字鳴出	仝	仝	三拾貳萬五千貫	三萬九千七百七圓五拾銭
仝	仝	仝銀山町字柏梨《ママ》	根東向西	仝	三萬七千九百貫	九千五百拾圓九拾銭
仝	仝	仝字五着	仝	仝	六萬千貳百貫	壹萬四千六百三拾八圓

これら四つの鉱脈より採れる鉱石は、銅一〇～二〇パーセントの高品位で、右の産額合計は五二万四一〇〇貫〔一九六五トン〕にのぼる。これは、住友吉左衛門〔愛媛別子〕、五代友厚〔福島半田・滋賀蓬谷・奈良天明山・岡山和気山〕、岡田平太〔秋田尾去沢〕といった名だたる大物実業家に次いで、堂々の第四位を占めた。なお、『金銀銅主要鉱業人一覧』には、彼らのほかに「高知縣士族　岩崎彌太郎」の名も見え、採掘物名・産地は「銅鑛　岡山県　備中國川上郡吹屋村字吉岡　根東向西」となっている。

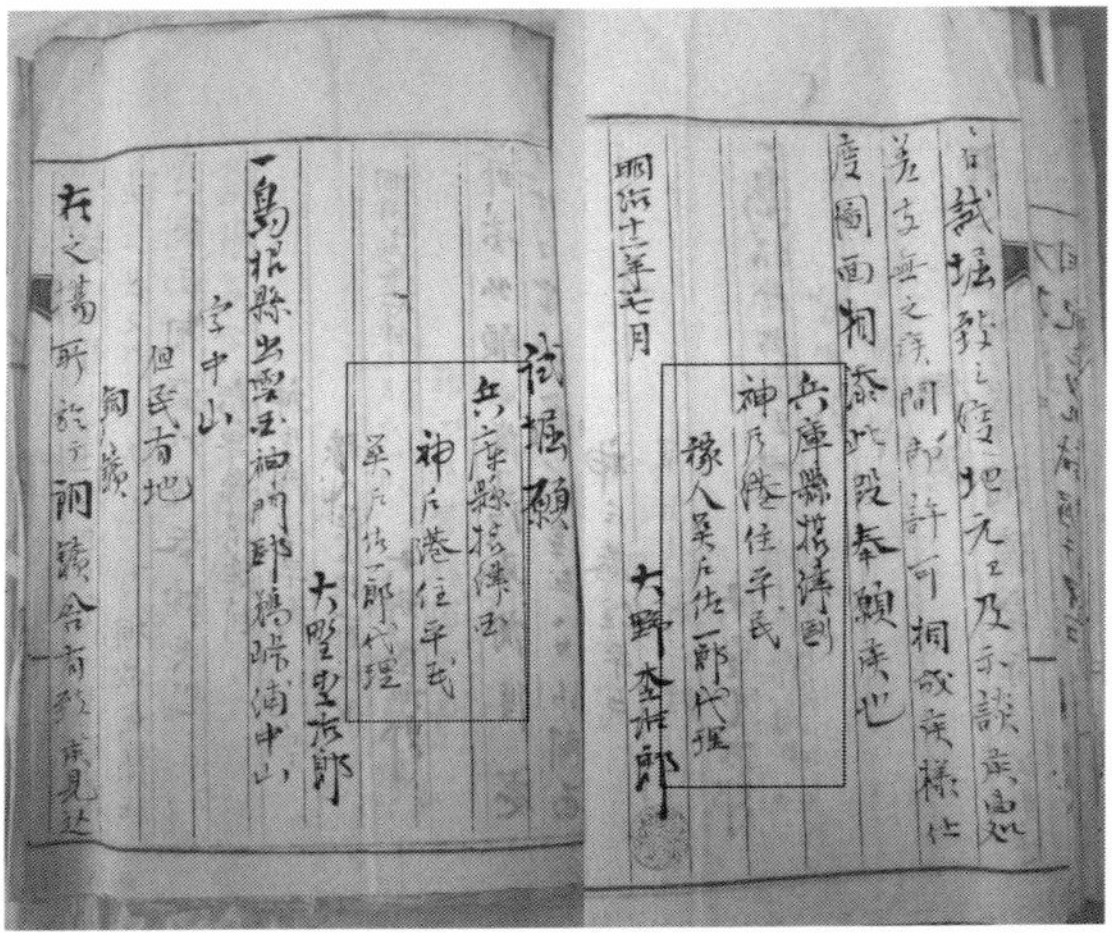

図版 17　関戸左一郎提出の出雲鉱山試掘願（『大字鷺浦・大字鵜峠　鉱山一途　試掘採掘　自明治十二年度至同廿九年度』収録）

　このように、多田銀銅山での採鉱事業が予想以上に順調だったこともあり、由義と左一郎はさらなる採鉱地を物色した。『大字 鷺浦《さぎうら》・大字 鵜峠　鉱山一途　試掘採掘（朱字）　自明治十二年度至仝廿九年度』〔出雲市市民文化部文化財課所蔵〕には、明治一二年七月、左一郎〔文書中「佐一郎」と表記〕が提出した出雲国神門郡鵜峠浦中山字中山の試掘願〔図版17〕が収められている。鵜峠浦一帯は、生野銀山の開発を手掛けたコワニエが明治六年四月に「優良鉱山」と認定したのを受けて、別のフランス人技師の指導を仰ぎ、そのもとで着実に銅の産出量を伸ばしていた。

　けれども、左一郎の出雲進出にあたっては、地元の鉱山主が警戒感をあらわにした。慶応三年に鵜峠浦銅山を発見した第八代勝部本右衛門は、ただちに字中山試掘願を提出、余所者《よそもの》による利権の獲得を阻止せんとの動きを見せる。

結局、右掲『大字鷺浦・大字鵜峠　鉱山一途』によると、「兵庫縣攝津國神戸港住　平民関戸佐《ママ》一郎」の名でおこなわれた字中山での採銅事業は、五年後の明治一七年七月に廃業となった。同時期、鵜峠浦銅山も産出量が低下し、利権防衛からおこなった字中山採掘と併せて、本右衛門もかなりの負債を抱えたようだ。

「出雲はとりあえず痛み分けか……。やはり鉱山《やま》には魔物が棲むようだな」

「いやはや、さすがに山の神さんは、一筋縄ではいきまへんな」

由義と左一郎はそう言って苦笑した――

出雲進出の頓挫もさることながら、関戸家にとって、明治一七年は大きな転機となった年である。『戸籍写』記載の「長男　慶治」欄外に、「十七年一月四日父退隠後相続　戸主」という一文を確認できる。還暦を間近に控えた由義は、二十歳《はたち》を迎えた長男に家督を譲り、第一線から退いた。

すでに前年七月六日、由義は二男の春雄を「東京府日本橋区新右衛門町二番地邸村瀬サタ方」に、また三男の五三郎を「全町〔春雄に同じ―引用者〕三十四番邸清水イト方」に、それぞれ養子に出している。徴兵の回避とも、代替りの準備とも考えられ、関戸家の危機管理《リスクマネジメント》としての意味合いが強い。

じつはこの頃、神戸市街の都市整備は海岸地区・山手地区ともに一応の区切りを迎え、投機的な不動産取引は以前に較べて利益をもたらさなくなっていた。また、多田銀銅山での採鉱事業も、次第に不調をきたしはじめる。明治一八年一二月三一日の工部省鉱山課『鉱山借区一覧表』に掲載された主要鉱業人の格付表を眺めても、そこに「関戸慶治」の名前はない。（もしもに備えて身軽になっておくのがよかろう。春雄と五三郎はこれで食い扶持を確保できる。うまくすれば、さきざきこちらを援けてくれることもあろう）

由義はフサ・左一郎と相談のうえ、関戸家の生き残り策として、二男・三男の養子縁組を決めたと考えられる。

家督を継いだ慶治は、明治一八年に川辺郡広根村字櫻井坑の借区願を提出した。広芝か橋本の勧めによるものであろうか。だが、この時期、鉱山調査官の齋藤精一が巡視したところによると、慶治名義で管理運営する間歩はいずれも採掘規模が小さく、なかには稼行が断続的な間歩も数件あった。左に齋藤の巡視報告書『兵庫縣下鑛山概況』に記された慶治関連箇所を抄録しておく。

◇摂津國川邊郡廣根村字金懸間歩は「明治八年以来關戸慶治借區開坑シ断続今日ニ至レリ」

◇櫻（櫻井）間歩は「明治某年關戸慶治借區開坑セシトモ採掘スルノ期ナク近年ハ休業同様」

◇北浦間歩と石金間歩は「坑内ハ湧水至ツテ寡ク排水ノ憂ナシ」

◇右の四件に、川邊郡銀山町珍幸間歩を加えた五件の間歩は「共ニ關戸慶治ノ借區スル所ト雖モ目下（明治十八年三月）採鑛スルモノハ二ケ山（北浦・石金間歩）ニ過キス餘ハ探鑛或ハ坑内普請ヲ事トス而シテ全山総費額貮百八圓貮拾五銭五厘ニシテ収入高貮百五拾壹圓八拾壹銭貮厘ナリ故ニ四拾三圓五拾六銭ノ益アリトス」

◇川邊郡猪淵村字柳ケ谷間歩は「稼主ハ同村平民上神源右衛門ナルモノニシテ農業ノ間隙ニ其業ヲ営ミ舊坑ヲ探ルモ未ダ製煉ニ耐ユヘキ鑛石ヲ得スト云該山ハ素ト闘戸慶治ノ借區タリシカ后上神借區券ヲ握ルニ方リ互ニ争論ヲナシ終ニ郡役所ノ判決スル所トナリテヨリ殆ト四年間舊坑修繕ニ盡力シ目今（十八年三月）ニ至ルマテ費セシ金額五百圓内外ナリ（中略）稼行少ク休業多キ有態ニテハ舊坑ヲ全ク修繕スルハ前途尚ホ遠シト謂フ可シ」

◇川邊郡肝川村字樋ノ上千駄坑は「素ト闘戸慶治ノ借區タリシモ會テ充分ノ業ヲ操ラス休業セリ明治十四年三月九日仲定助其借區券ヲ受ケテヨリ以后舊坑ヲ修繕スルニ齷促タルモ未タ鑛石ヲ採取スルニ至ラス（中略）休稼相半ハスルノ景況ナレハ老牛ノ進歩ニ劣レル亦宜ナルカナ」

このように、齋藤の調査時点で、数件の間歩については、投資額の回収もかなり危うい状況にあった。

いかなる鉱物も、その鉱脈を掘り当てることは至難の業《わざ》。よしんば鉱脈を見出しても、高品位の富鉱部を蔵しているか否かは「神のみぞ知る」領域。古来、「一か八かの投機を生業とする者」を山師と称するのは、そのためにほかならない。

地元鉱山関係者の見立てにもかかわらず、多田銀銅山における慶治名義の借区地は、いずれも富鉱脈を蔵しておらず、比較的早い時期に採掘量が限界にいたったと推測される。神戸港からやってきた俄か山師に、多田の山の神は険しい表情をむけていた。

出雲のいさかい

明治一八年四月一九日、湊川神社に折田年秀を訪ねた慶治は、「出雲へ銅山検査ノ為ニ参る」ことを告げ、出雲大社国造《こくそう》の千家尊福《せんげたかとみ》と神道出雲教初代教長の北島脩孝《ながのり》への紹介を依頼した。

先掲の折田日記②に原文を記したが、慶治は鵜峠浦銅山借区のために、出雲で絶大な権威を誇る千家と北島への口添えを、折田に請うたと推察される。退隠した父由義が、左一郎の蹉跌を挽回するかのように、鵜峠浦銅山の開発に乗り出したのだ。

『戸籍写』には、由義一家が「鑛山商」と記載されている。「明治十四年四月八日致印」とあることから、由義は官職を退いたあと、自家の生業をそう称したのだろう。当然、家督を継いだ慶治も、肩書は「鑛山商」となる。

「分かり申した。千家・北島の両名には、おいから書状を送りもうそう」

折田は鷹揚な表情でそう言った。

「ありがとうござります」

慶治は丁寧な辞儀を返す。

「それにしても」

折田は頬をゆるめて、

「おまんさぁが良平どんに連れられて、おいと一緒に東京の骨董屋を回ったのは、いつのことでごわしたか……」

と、遠くを見るような眼で言った。

「はや五年もまえになりましょうか」

慶治の言葉に、折田は笑ってうなずいた。

「出雲の銅山は、コワニエが太鼓判を押した富鉱。関戸家当主となられた一平どんの御武運をお祈りしもうすぞ」

宮司とは思えぬ無骨な励ましに、慶治はさらに辞儀を深くした――

別格官幣社たる湊川神社の格式は、出雲大社に劣らない。しかも、宮司の折田はいまをときめく薩摩閥のひとりである。

千家も北島も、即座に折田からの依頼を了承した。出雲の象徴《シンボル》ふたりの働き掛けには、かつて左一郎の進出を阻んだ勝部本右衛門も抗することができなかった。

(関戸由義か。左一郎の兄と聞くが、出雲国造の力を恃《たの》むとは……)

本右衛門は、神戸商人の強引なやり口に、言い知れぬ嫌悪と憤怒を覚えた。

(いずれ痛い目に遭わせてやるわ。俄か山師めが……)

本右衛門は自身が経営する鵜峠浦のほかに、近隣の鷺浦、猪目《いのめ》浦、唐川村、河下村、杵築《きづき》村

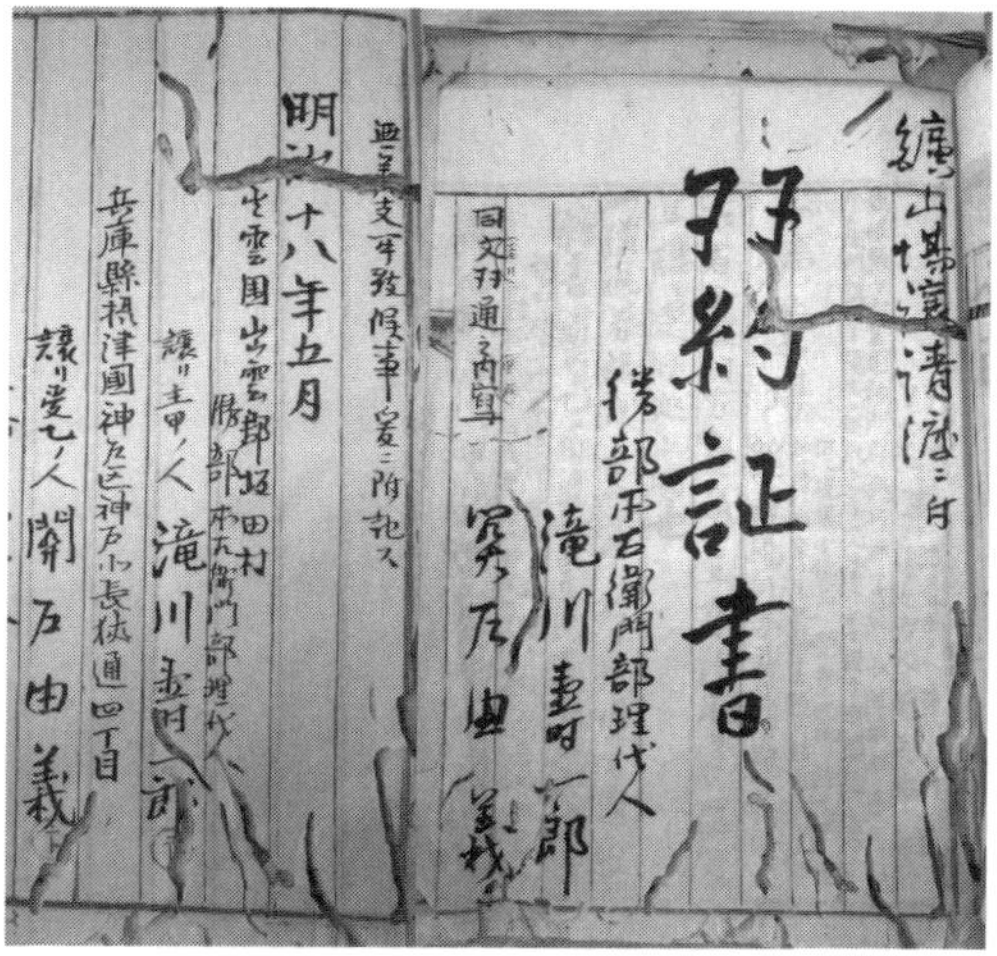

図版18　勝部本右衛門から関戸由義への鉱山譲渡契約書（『鉱山一途　試掘、採掘ニ関スル諸契約一途其他　自明治拾七年至明治廿九年』収録）

に住む債主人たちと協議し、煙水害の補償金や借地料を内容とする債権総額を一万三〇〇〇円と算定する。

これを無利息年賦返却とし、鵜峠浦銅山を「兵庫縣攝津國神戸区神戸北長狭通四丁目關戸由義」へ譲渡したうえで、ふたたび盛況に転じたときには、借入金に応じて債主人に利益配分する、という契約をむすんだ。

図版18は、『鉱山一途　試掘、採掘ニ関スル諸契約一途其他（朱字）自明治拾七年至明治廿九年』〔出雲市市民文化部文化財課所蔵〕に収められた由義と本右衛門の契約証書の一部である。

これにしたがって、由義は借区願が政府に正式許可されるまで、本右衛門からの委任というかたちで稼行し、約一八カ月で銅二万三〇〇〇斤〔一三・八トン〕余りを産出、約五〇〇〇円を債主人たちへ返済した。

しかし、ほどなく彼らと由義との間で、借地料をめぐる紛議が生じる。予想外の好成績によって、分配利益額の多寡が債主人たちの間で取り沙汰され、「それならば借地料を値上げすることで利益額の格差を減らそう」という解決案が出されたのであろう。

これに対して、由義が「当初の契約に反するものなり」と異を唱えたことは、想像に難くない。

「いまさらなんということだ。約定の意味がないではないか?!」

慶治の顔が土色に変わっていた。

「やられたましたな」

左一郎は渋面をこしらえて天井を睨んだ。

(国造の威を借りたことへの報復《しかえし》か……)

赤銅色の皮膚に深い皺を刻んだ本右衛門の顔を思い起こし、由義は苦虫を噛み潰した。

「ここは退くに如かず、でんな」

と左一郎が押し殺した声で言う。由義は黙ってうなずいた。

(法も契約も、所詮は公《おおやけ》の事だ。これに楯突く者は、ときに世間の喝采を浴びる。義挙とか義民とか義賊とかいう名で……。だが、慣習《ならわし》に逆らえば、待つのは排斥だけだ。そして、余所者の持ち込む公の理《ことわり》など、郷《さと》の慣習のまえには、悲しいほど無力なものよ)

官の側で活動してきた由義は、いわゆる西洋流の法や制度に馴染まぬ一般民衆の心性《メンタリティ》を、これまでも事あるごとに垣間見てきた。

「是非もあるまい」

由義の口許には、微かな笑みも浮かぶ。

「しかし父上、それでは……」

と、慶治は膝を震わせながら由義ににじり寄った。左一郎はすぐに父子の間に割って入り、慶治のほうにむき直る。

「家長におなりなら」

左一郎は慶治の顔を正面から見据えた。

「情を人前で容易く垂れ流すのはご法度でっせ」

慶治はうっと口をつぐんだ。左一郎の肩越しに由義の顔がある。

（眠っているのか）

慶治がいぶかったほど、由義の表情は鈍く、板でも呑んだように無神経に座っていた。

「義兄さん」

と、左一郎が由義のほうに顔をむけた。由義の眉がわずかに動く。

「手許にいくら残せる？　取れるだけ取れれば、出雲とはこれで手を切る」

抑揚のない声に怨みの響きはない。が、その瞳の奥には昏《くら》い炎が宿っていた――

明治一九年一二月、由義との契約破棄が決議され、鵜峠浦・鷺浦一帯の住民へ鉱業権を譲渡することが改めて約束された。『鉱山一途　試掘、採掘ニ関スル諸契約一途其他』には、その折に作成された決議書［図版19］が収められている。四角囲いのなかに「関戸由義」の名が見

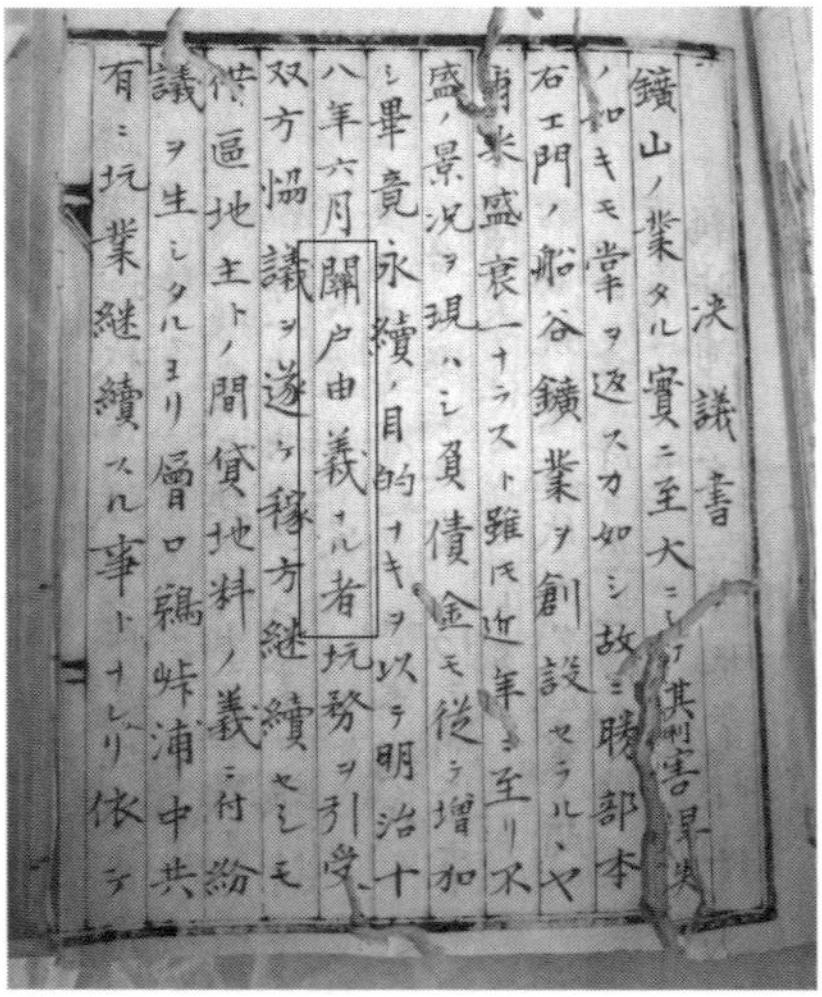
決議書
鑛山ノ業タル實ニ至大ニシテ其利害得失
ノ如キモ常ヲ逐スカ如シ故ニ勝部本
右エ門ノ船谷鑛業ヲ創設セラル、ヤ
爾来盛衰一ナラスト雖氏近年ニ至リ不
盛ノ景況ヲ現ハシ負債金モ従テ増加
シ畢竟永續ノ目的ナキヲ以テ明治十
八年六月關戸由義ナル者坑務ヲ引受
双方協議ヲ遂ケ稼方継續セシモ
借區地主トノ間貸地料ノ義ニ付紛
議ヲ生シタルヨリ鷺浦鵜峠浦中共
有ニ坑業継續スル事トナレリ依テ

図版19　関戸由義から鷺浦・鵜峠浦住民への鉱業権譲渡決議書（『鉱山一途　試掘、採掘ニ関スル諸契約一途其他　自明治拾七年至明治廿九年』収録）

える。

ところが、地元住民への銅山譲渡は実施されなかった。明治二〇年六月、第九代勝部本右衛門が借区面積二万七〇九四坪の廃業願を提出する。これと時期を同じくして、藤田伝三郎代理の廣田義二郎が鵜峠浦銅山の借区開坑願を提出、七月に島根県の認可を受けた。

当時、薩摩出身の五代友厚とともに、関西実業界に君臨していた藤田伝三郎。天保一二（一八四一）年長門国萩［現在の山口県萩市］の豪商である藤田家の四男として生まれる。幕末動乱にあたり、奇兵隊に参加して倒幕活動に奔走、維新後はその功によって陸軍御用商人となった。軍靴製造や西南戦役における政府軍用達によって巨利を博し、明治一四年に次兄・三兄との共同出資で藤田組を設立。長州閥の大物井上馨《かほる》の庇護をえて、政商としての地位を築く。

明治一七年、藤田組は政府から秋田小坂鉱山の払い下げを受け、爾来その豊富な資金力にものを言わせ、採鉱事業を中核に据えて発展を遂げていく。鵜峠浦銅山の借区開坑願を提出した廣田は、藤田と同じく長州出身であり、藤田組の関係者と考えられる。明治二一年、鵜峠浦銅山は「藤田組鵜峠鉱山出張所」となったが、その鉱区は約三万坪にもおよんだ。先掲『大字鷺浦・大字鵜峠　鉱山一途』には、藤田組に関係する契約書類も収められている。

由義との契約を解消した鵜峠浦・鷺浦の住民たちは、何らの利益をえることもなく、鉱業権を余所者の藤田組に持ち去られた。藤田の庇護者たる井上は「三井の番頭」とも渾名されるほど、三井組との関係が深かった。あるいは、鵜峠浦銅山の鉱業権が藤田組の手に落ちた背後には、由義による報復的な画策があったのかもしれない。

話を戻すと、関戸家が取り組んだ鉱山開発には、明治一八年頃より暗雲が立ちこめはじめた。生後まもない四男の陽一を分家送籍してまで入れ込んだ多田銀銅山の再開発事業が停滞、出雲地方における由義と左一郎の銅山開発も蹉跌し、関戸家の資金繰りは苦境に立たされつつあった。

にもかかわらず、関戸家当主となった慶治は、多田銀銅山への投資を止めなかった。明治一八年、かつて泉屋が開発した川辺郡広根村字櫻井大金間歩を借区。翌一九年には、同郡銀山町、猪渕、国崎でも鉱業権を取得した。

なお、櫻井大金間歩については、同年四月一〇日、阪井五一が関戸慶治隣地区の借区請願書を広芝茂兵衛に提出する。すでに述べたが、阪井は銀山町区の船・台所・瓢簞間歩を借区・稼行していたが、いずれも湧水が激しく、四年間で二万円を投じた挙句、撤退のやむなきにいたった。よって、大金間歩の借区は、失地挽回を賭けての挙と考えられる。

閑話休題《それはさておき》。齋藤精一の報告書に照らすと、慶治の動きにはいささか合点がいかない。彼が貧鉱脈の間歩群に執着したのは、はたしていかなる理由によるものなのか。

自分の代での逆転劇を夢想した、ということではあるまい。退隠したとはいえ、由義はいまだ関戸家の実質的家長であり、左一郎も由義・慶治父子の良き補佐役として振る舞っていたはずだ。そして、何よりも由義と左一郎は「為せば成る」という単純な精神論の徒ではなく、ときに狡猾なほどの現実主義者であった。

したがって、多田銀銅山への投資の継続は、当然、損失を回避するための精算をともなっていた。それには、明治二〇年の三菱社による多田銀銅山買収がからんでいた、と考えられる。

『三菱社誌』には、多田銀銅山買収に関する原史料が時系列に収められている。そこには買収先一覧も含まれているが、南五着や北五着の間歩をはじめとして、慶治の名義で一庫村、民田村、国崎村から借りた鉱区の記載もある。

三菱社が採算の取れない多田銀銅山に敢えて手を伸ばしたのは、はたしてどのような事情によるものなのか。じつはそこに、福澤諭吉の姿が見え隠れしている。

崖っぷちから

三菱商会を創業した岩崎彌太郎は、外商の脅威に対抗すべく、近代的な商業・会計・法律等の知識や技能に秀でた人材の確保をめざした。その供給源として積極的に活用したのが、福澤諭吉が主宰する慶應義塾である。実際、石川七財、豊川良平、荘田平五郎を筆頭に、彌太郎の部下には慶應義塾出身者が多い。

かたや福澤のほうは、経済政策については多分に国粋主義《ナショナリズム》的姿勢をとり、殖産興業に対する政商の役割を重視してきた。ために、彌太郎という人物に興味を惹かれたらしい。そこで、三菱を密かに視察したところ、その社風に好感を抱くこととなった。

このような経緯もあって、彌太郎は慶應義塾教員の森下岩楠の進言を容れ、明治一一年、神田錦町〔現在の東京都千代田区神田錦町〕に三菱商業学校を開設、専門商業人の育成に着手する。同校は校長に森下を、運営責任者に豊川良平をそれぞれ据え、講師陣を福澤門下生で固めた。ゆえに、福澤は井上馨、伊藤博文、大隈重信に宛てた書簡に「三菱商業学校は、あたかも慶應義塾分校である」と、いささか得意げにしたためている。

もう少し、福澤と彌太郎の親交について話を続ける。鉱山開発を軸としたふたりの絆は、高島炭鉱の買収に端を発する。同炭鉱は長崎港外の高島、中ノ島、端島にまたがり、熱量の高い良質炭を産出することで知られていた。もとは佐賀藩の経営であったが、グラバー商会、ついでボードイン商会との共同開発を経て、明治六年に一時官有化されたのち、翌七年に土佐閥の大物後藤象二郎に払い下げられる。

けれども、後藤が放漫経営を続けた結果、利益はいっこうに上がらず、負債ばかりが累積し、融資元のジャーディン・マセソン商会が業を煮やして返済訴訟を起こす始末。福澤はかねてから後藤の器量を高く評価、「大の贔屓《ひいき》」と公言していた。そのために、莫大な借財によって後藤の政治生命が断たれることを危惧し、救済の途を探る。

それと同時に、福澤は高島炭鉱の経済的価値を十分に発揮させるためにも、そこの管理運営を三菱商会に委ねるのが得策と考えた。後藤の娘が彌太郎の実弟岩崎彌之助に嫁いでいたことも、福澤の思慮のうちにあったはずだ。

明治一一年一一月、福澤は石川七財を介して、高島炭鉱の買収を彌太郎に打診する。だが、すでに海運業で大を成していた彌太郎は、敢えて新規事業に乗り出す必要性を感じなかった。それでも、後藤を窮地から救いたい福澤は、岳父の身を案ずる彌之助、それに三菱の庇護者であった大隈重信と協力し、渋る彌太郎の説得を続ける。

そして、翌一二年一〇月、「いまならうまくいく見込みもあろうか」と判断した福澤は、荘田平五郎を介して「炭鉱の件につき面談を乞う」と申し入れ、一〇月一二日に彌太郎と会見。それが糸口となって、ようやく買収話が軌道に乗る。そして、明治一三年七月五日、彌太郎は高島炭鉱の買い取りを決意した。実際の買収は翌一四年四月であり、彌太郎は即金を払って高島炭鉱を入手。以降連年、同炭鉱は三菱に巨額の利益をもたらしていく。

明治一三年七月六日付の福澤から彌太郎宛ての書簡には「彼ノ一条遂ニ御断行との吉報、誠ニ近年之一大快事、小生之喜悦ハ之を筆端ニ尽し難し」、さらに同日付の福澤から彌之助宛ての書簡にも「彼ノ一条も遂ニ好結果ニ至り、近年之一大快事」とある。いずれも福澤が自身の高弟たちと連携して、三菱の採鉱事業に深く関与していたことを裏づけよう。

福澤はかねてから殖産興業の基盤として鉱山開発に強い関心を寄せており、門下生による採鉱事業も積極的に支持してきた。明治一六年、塾生の中村道太が秋田県鹿角《かづの》郡毛馬内《けまない》［現在の秋田県鹿角市十和田］の小真木鉱山を再開発したときには、六万余円を融資している。また、小真木鉱山を管理運営した杉本正徳と塾生の肥田昭作が宮城県栗原郡鶯沢《うぐいすざわ》［現在の宮城県栗原市］に設立した細倉鉱山会社へも融資し、あわせて出資者も紹介した。なお、小真木鉱山は、明治二一年七月、三菱に売却される。

福澤と三菱とは、このような強い絆でむすばれていた。そして福澤は、由義とも懇意であり、神戸での土地購入に際しては由義に「借り」があった。さすれば、北摂・出雲での採鉱事業が苦境に陥った由義から、今後の取り組みについて相談を受けた福澤が、彌太郎の死後に三菱を継いだ彌之助を説き、多田銀銅山の後処理を依頼した可能性は高い。

かつて福澤は由義が手配した不動産に投資して、その転売益で旧主奥平家の資産を殖やすことが叶った。由義の窮状を救うことで、そのときの恩に報いようと、福澤は三菱社に多田銀銅山の買収を勧めた。かたや高島炭坑買収にあたり、福澤のひとかたならぬ労をえた三菱側には、福澤に対する報恩の機会が訪れる。その結果、福澤を介して、三菱社と関戸家の間には、期せずして利害関係が生じた。

ここでようやく、話は明治二〇年時点に戻る。彌太郎の死後に三菱社を率いた彌之助は、貧鉱脈が点在する多田銀銅山をひとまず引き取った。同社吉岡鉱山長の堀田連太郎がその管理にあたり、開発計画を彌之助に打診するも、結局本格的な稼行はおこなわれなかった。そして、明治二六年八月一日、三菱社は出雲国津和野の山師である堀伴成《ともなり》［第一四代堀藤十郎］に多田銀銅山を譲渡している。

『土地台帳』を確認すると、関戸家の借区を含む銀山町家前壱〜拾五番地は「登記年月日／明治廿二年四月一日」「所有質取主住所／高知縣高知市追手筋」「所有質取主氏名／岩崎彌之助」から「登記年月日／明治二六年八月一日」「所有質取主住所／島根縣鹿足郡畑迫村大字邑輝」「所有質取主氏名／堀伴成」に変更されている。民田千軒、民田平井、国崎等の鉱区も同様である。

ことによると、海運業の覇権をめぐる共同運輸会社［明治一六年に農商務省と三井組が中心となって設立した半官半民の蒸気船運輸会社］との消耗戦をようやく乗り切ったばかりの三菱社には、多田銀銅山の再開発に投ずる資金的余裕がなかったのかもしれない。さすれば、三菱社が無駄足とも映る鉱山買収と転売をおこなったのは、やはり彌太郎の時代から続く、福澤との絆を重んじてのことであろう。

蛇足ながら、当時の三菱社には、越前福井藩出身の瓜生震《うりゅうふるう》がいた。家名断絶後に兄の寅《はじめ》とともに長崎へ赴いた震は、坂本龍馬が結成した海援隊の英語通訳として活躍する。維新後は、後藤象二郎のもとで高島炭鉱の売炭課長を務め、三菱商会による買収後も引き続き同炭鉱長崎事務所支配人を拝命した。後藤の女婿たる彌之助の信任も厚かった。

瓜生寅のほうは、明治五年一〇月二三日から同七年一月二二日まで、初代神戸税関長を務めている。おそらく在任期間中には、貿易五厘金の取り扱いをめぐって、由義とは頻繁に接触したはずだ。そう考えると、三菱社による多田銀銅山の買収にあたっては、瓜生兄弟が何某かの関与をおこなった可能性も排除できないだろう。

こうして、三菱社による多田銀銅山の買収話もまとまった明治二〇年末、関戸家は新たな鉱山開発に手を染めている。*THE HIOGO NEWS*, December 23rd. 1887 には、『大阪日報』（*Osaka Nippo*）より転載した記事がある。

Mr. SEKIDO, of kobe, recently purchased in conjunction with some friends a mine in Nosegori, Osaka Fu,containing silver and copper. Permission to develop the property has just been requested…（神戸の関戸氏は最近、大阪府能勢郡の銀銅山を数人の友人と共同で購入し、採鉱許可を申請中とのこと……）

〝Mr. SEKIDO, of kobe（神戸の関戸氏）〟が、由義なのか、慶治なのか、左一郎なのかは判然としない。大阪府編纂『鑛業誌』（『大阪府誌　第三編』収録）の記載に照らすと、右の記事中〝Mr. SEKIDO, of kobe〟が採鉱を申請したのは、多田銀銅山の鉱脈のひとつ「摂津國豊能郡東能勢村下字川尻杉立鑛山」が有力である。共同開発者は「兵庫県人久保清十郎」で、明治二三年に採鉱許可が下りたときの採掘権者も久保であった。

なお、『同誌』は「府下鑛山の如きは幕末の衰微の餘を承けて試掘或いは借区開坑等を出願するものは壹貳なりき」と記し、左のような明治九年提出の休山届を併せて掲載している。

鉱山御届（鉱山休山年月日）第一一大区二小区木代邨戸長　一八七六（明治九）年八月一日／鉱山御届（各月山、奥山、深谷川休山年月日）第一一大区小二区九番組下田尻邨戸長　一八七六（明治九）年八月一日／鉱山御届（金ケ谷休山年月日）第一一大区二小区大原村戸長／鉱山御届（字花折・字狸谷休山年月日）第一一大区二小区吉川邨戸長　一八七六（明治九）年八月一日／鉱山御届（谷寺銅山、奥山銅山、大重銅山、横蔓銅山、狸銅山休山年月日）第一一大区二小区出野村戸長　一八七六（明治九）年八月二〇日

関戸家が御世辞にも富鉱とは思えぬ能勢郡の鉱山に触手を伸ばしたのは、北摂・出雲鉱山開発の失敗を取り戻すためではなかろうか。

「まだやりますのか?」

左一郎が病床の由義に問う。濡れ手拭いを義兄の額からはずすと、たらいの水に浸けた。

「深追いは禁物と言うたはずやけど……」

微かにいさめる響きがある。

「覚えておる」

由義は掠れた声で答えた。

「深追いなどせぬ。このたびも損はしておらぬぞ」

福澤先生のお陰でな、と口許に笑みを浮かべる。

「儂が損を出したことがあってか?」

「いや。おまへんでした」

これまでは、と左一郎は穏やかに答え、由義の額に濡れ手拭いをあてた。

「これからもじゃ。能勢の鉱山《やま》も精算があってのことだ」

はたしてどのような、と左一郎は訊かない。ただ黙ってうなずいた。

「慶治を援けてやってくれ」

ささやくように言うと、由義は目を閉じた。ほどなく唇の隙間から寝息が洩れた。

「えらくお疲れや。これまで溜めてきた分かいな」

と左一郎はつぶやいた。由義の頭を挟んで慶治が座している。

「ここはもうひと勝負ということかいな」

左一郎は何とも言えぬ笑顔を慶治にむけた。

「叔父上は反対なのですか?」

慶治は声をひそめて問う。

「反対も賛成もおまへん」

叔父の言葉に、慶治は少し首をかしげた。左一郎は視線を由義の寝顔に落としながら、

「わてら一家は天下にただひとり立っております。せやさかい、義兄さんもわてもせいぜい知恵を絞って、ある時はあちらをだまし、またある時はこちらをおだてして、他人の褌で相撲をとってきました。まあ、いにしえの蘇秦《そしん》や張儀《ちょうぎ》のようなもんですわ」

と静かに語った。

おのが舌先三寸で並み居る諸侯を操った古代中国の合従連衡家《がっしょうれんこうか》の名前に、自賛と自嘲が入り混じっている。

「さすがに蘇秦と張儀は吹きすぎかいな」

と左一郎は照れたように頭を掻いた。

慶治はどう答えればよいのか戸惑っている。左一郎は小さくうなずくと、

「ほんでもな」

と、ひと息おいて、肩を軽くゆする。

「この関戸家も、義兄さんの頑張りによって、神戸で功成り名を遂げました。芝居でいうたら、第一幕が終わったわけや。ほんでもって主役も代わる。となると、別の筋書きを考えるこ

とも、ぼちぼちとせなあきまへんな」

左一郎はそう言い残すと、複雑な笑みを浮かべながら、静かに部屋を出た――

神戸市街の整備と連動した土地投機で財を成し、得意の絶頂にあった由義にとって、採鉱事業は躓《つまず》きの石となった。神戸を日本のサンフランシスコに見立てた由義は、北摂と出雲の鉱山地帯にカリフォルニア・ゴールドラッシュの夢を追ったのだろうか。この夢が潰えはじめた明治一〇年代末頃より、関戸家の影は神戸実業界で次第に薄らいでいく。

第八章　斜陽の風景

一族離散す

ジョゼフ・ヒコは「投機師」こと由義の噂を書き留めている。「投機師は神戸においておだやかな人生航路を歩きつづけた。『しかし』と、一八八二（明治一五）年に事の次第を告げてくれる人があった。『あの男は今は完全に落ちぶれて、いま破産の一歩前というところなんです』」と。

これはしかし、権勢を誇った人間に対する反感や羨望や嫉妬を多分に含み、必ずしも状況を正確に捉えたものではなかろう。せいぜい「往時の勢いは失せて」という程度に読み替えるのが適当と思われる。

付言するなら、明治一四年に神戸商義社という、兵神財界人の結社が設立されている。栄町通三丁目一八番地に本部を置き、商権回復や自由民権に関する社員の時事論、海外通信や例会記事等を掲載した『神戸商義社雑誌』（禁売買）を発刊。また『神戸新報』には「商業演説会」の開催広告を頻繁に掲載した。

神戸新報社を設立した鹿嶋秀麿や白川敏樹をはじめとして、兵庫県令の森岡昌純とその腹心の村野山人や本山彦一、さらには藤田積中に神田兵右衛門といった地生えの財界人が社員に名をつらね、その大半は交詢社兵庫支社の社員でもあった。

だが、『商義社雑誌』掲載の例会出席者名簿や会堂建設費寄附者名簿に、由義の名は登場しない。いささか穿った見方をすれば、ヒコが耳にした「あの男は今は完全に落ちぶれて……」という風聞を、わずかながらも裏づける事実かもしれない。

さて、由義と左一郎による官民癒着の土地投機とそれを軸とする循環利殖商法は、その巧妙さと狡猾さのせいで、世間の悪評を喚起したであろうが、他方で由義は篤志家として地域社会の発展に尽くしている。

明治九年一一月に発生した栄町通の火災後、由義は慶治の名で以て、罹災市民に金銭的な支援をおこなう。一二年夏、由義自身が伝染病予防のために硫酸鉄一万ポンドを無償供与。一四年には、コレラ予防策として上水道の早急な整備を、兵庫県為替方に訴えた。じつは明治六～七年頃にも、由義は兵庫県為替方に上水道の整備を提案している。ただし、このときは、あくまでも港湾整備の一環としての提案であり、一般市民を対象にしたものではなかったらしい。

教育面においては、関山小学校の設立にくわえて、志摩三商会の九鬼隆義、白洲退蔵、小寺泰次郎等と協力し、神戸における女子教育の発展に尽力している。その背後には、ともにプロテスタントを信仰したことと、福澤諭吉の進歩的女性観への共感があったと考えられる。

明治一〇年、由義は九鬼や白洲と連名で、英和女学校［現在の神戸女学院大学の前身］に六〇〇円という高額の寄附をおこなった。同校は米国伝導教会より派遣された宣教師イライザ・タルカット（Eliza Talcott）とジュリア・E・ダッドレイ（Julia Elizabeth Duddley）が、明治六年、花隈村に開いた私塾を前身とし、同八年に諏訪山温泉郷に近い山本通［現在の神戸市中央区山本通四丁目神港学園高校敷地］に移転して寄宿制女学校となっていた。

さらに、明治二〇年七月二七日付『神戸又新日報』は、「日本婦人の地位向上を目指して九鬼隆義、野村致知、佐畑義之、関戸由義等が神戸元町四丁目一二二番地神戸小学校分校跡地に手藝学校を創設、八月一日より開校」との記事を掲載している。

由義は神戸の実業教育にも貢献した。明治一〇年、森岡昌純が開港一〇周年を迎える港都にふさわしい商業教育施設の必要を唱え、神戸商業講習所の創設にむけての支援を福澤に依頼する。これに応えて福澤は、慶應義塾より甲斐織衛・飯田平作・藤井清を、森岡のもとに派遣し、講習所校則・教則の制定にあたらせた。

講習所の創設にとって最も肝心な校舎については、由義が北長狭通四丁目邸内にある木造瓦葺ペンキ塗りの二階建て洋館を無償で提供した。現在、関戸邸跡と思しき神戸市中央区北長狭通四丁目の元町ビル西側壁面には、「兵庫縣立神戸商業學校発祥地　明治十一年一月十六日神戸商業講習所此所に創設同十九年六月改称」と刻まれた御影石製の記念碑がはめこまれている。

ついでながら、福澤は幕末維新期の日本を朝鮮に投影し、朝鮮の近代化をめざす開化派に物心両面で支援を与えていた。明治一四年、慶應義塾に二名の朝鮮人留学生を受け入れ、翌一五年暮れには高弟の牛場卓蔵、井上角五郎、高橋正信を朝鮮視察に派遣している。牛場一行は途中神戸に上陸したが、その折に神戸在住の福澤門下生である本山彦一や鹿島秀麿とともに、吟松亭で三人を接待したのが由義であった。

閑話休題《それはさておき》。神戸進出から約二〇年、関戸由義は、敏腕官吏、三井組の知恵袋、神戸の投機師、俄か山師、そして教育功労者と、まことに多彩な相貌を世間に晒してきた。その謎と波乱に満ちた生涯が終焉を迎えたのは、明治二一年八月一七日。翌日付『神戸又新日報』は「関戸由義氏死す。同氏は近来兎角病気勝《ママ》となりしが遂に昨日午前九時物故せるよし」との記事を掲載している。

葬儀は八月一九日に催され、亡骸は午後三時に出棺、城ケ口共同墓地に埋葬された。喪主は慶治が務めたと考えられるが、八月一八日と一九日付の『神戸又新日報』に掲載された由義の死亡広告は「神戸穴門上ル　關戸左一郎」の名で出されている。「穴門上ル」は関戸邸のあった鯉川筋の西沿道に面した北長狭通四丁目一帯を指す。また、同月二二日と二三日付の『又新日報』には、やはり「關戸左一郎」の名で「會葬者へ御禮」が掲載されている。

それでは、由義の長逝後、左一郎や慶治をはじめとする関戸家の人びとは、どのような道を歩んだのだろうか。『土地台帳』〔神戸地方法務局保管〕を眺めると、遺族たちは明治二五年から同二八年までの三年間に、北長狭通三・四丁目、下山手通三・四丁目の所有地所を、あいついで処分している。

◇『土地台帳　一九』「北長狭通三丁目」

・四拾参番ノ壱↓明治二六年四月十一日／関戸雄治が買取

◇『土地台帳　二〇』「北長狭通四丁目」

・壱番ノ壱〜拾八　／村瀬春雄所有地〔登記年月日　明治廿二年五月廿四日〕↓明治廿六年三〜八月の間に各所に売却

・七番ノ壱／関戸雄治所有地〔明治二六年三月二十九日　関戸左一郎から相続〕↓明治二六年七月三日売却

・七番ノ貳／村瀬春雄所有地〔明治二七年十月三十日関戸雄治から買取〕↓明治二八年十一月二十六日売却

・七番ノ六／村瀬春雄所有地↓明治二八年十一月二十六日売却

・九番ノ壱〜参／関戸慶治所有地

壱↓明治二七年十二月二十六日売却

貳↓明治二六年四月十七日売却

参↓明治二六年四月十七日売却

・拾番ノ壱〜拾／関戸慶治所有地

壱↓明治二七年十二月二十六日売却

貳↓明治二五年十二月十六日売却

参↓同　上
四↓明治二五年十二月十六日売却
五↓明治二五年十一月二日売却
六↓明治二五年六月一日売却
七↓明治二五年六月一日売却
八↓明治二六年三月十五日売却
九↓明治二五年十二月十六日売却
拾↓明治二六年三月十五日売却
・拾七番ノ貳～五／関戸慶治所有地
貳・参↓明治二五年十二月十六日売却
四↓明治二七年十二月二十六日売却
五↓明治二六年七月二十八日売却

◇『土地台帳　四六』「下山手通三・四丁目」
・四丁目貳拾四番ノ壱　拾九番（消線）
関戸雄治所有地［明治廿六年三月廿九日　関戸左一郎から相続］
※　売却先については個人情報保護に鑑みて省略した。

このように、関戸家の人びとは、拠点としてきた北長狭通四丁目を離れている。慶治は自己名義の地所を全て他人に売り払った。「由義の後継者」と見る世間のまなざしが、重荷となったのかもしれない。

明治二五年版『日本紳士録　第二版』「せ」項には「關戸慶治　神戸市　三宮」とあることから、北長狭通の地所処分後は、三宮町で暮らしたのだろう。同町は鉄道線路を挟んで、北長狭通とはちょうど対照の位置にあたる。

ただし、『土地台帳』で三宮町一〜三番地をくまなく調べたが、小寺泰次郎・謙吉父子、九鬼隆義の長男摩爾《マルー》〔隆輝〕、生島四郎左衛門、安田善次郎、安田保善社を名義とする地所が大半を占め、「関戸慶治」名義の地所は見当たらなかった。小寺か九鬼の地所を借りていたのかもしれない。

村瀬家に養子入りした次男の春雄については、一通の奇妙な手紙がその消息を伝えている。それは由義の死から約一年を経た明治二二年一〇月一五日、福澤諭吉がフランス駐在公使の田中不二麿に宛てたものだ。曰く、

「(前略) 陳ハ此生ハ村瀬春雄と申、神戸故関戸由義氏之二男。今度白耳義《ベルギー》之商法校へ入学之積ニ而、先ツ其御地まで罷越候 (中略) 百事不案内之少年、何か之義ニ付御指図奉願候事も可有之、都而在留中之方向を誤らざる様、御添心之程奉願候。関戸由義ト申ハ御承知も可有御座哉、旧越前藩之人

ニ而、多年神戸ニ居を占め、随分事を為したる人物。不幸にして四カ年前ニ物故、此生ハ他姓を名乗り候得共、実之次男ニ御座候（後略）」

ベルギー留学に赴く春雄の世話を、福澤が田中に依頼している。由義の没年月日は『戸籍写』、由義墓に刻まれた墓誌、先掲の『神戸又新日報』記事に照らすと、明治二一年八月一七日に相違ない。

そうなると、福澤が由義の没年を「四カ年前」、つまり明治一八年頃としたのは、いったいどういうことなのか。ましてや書簡は、由義の次男の行く末に関わるものであるから、まことに不可解である。

疑問に思って、慶應義塾福澤研究センターに問い合わせたところ、「現在京都大学所蔵である当該書簡原本の複写版を確認したが、たしかに『四カ年前』と鮮明に書かれており、また発信年月日も間違いなく『二十二年十月十五日』となっている」という回答をいただいた。おそらく福澤は、由義没年を、他の知人のそれと混同したのだろう。そう考えるよりほかかない。

春雄は北長狭通四丁目地所の大半を相続したが、ベルギー留学を終えると同時に、東京高等商業学校［現在の一橋大学］教授に就任する。そのため、もう神戸に戻ることはないと覚悟を決めて、所有地の全てを売却している。あるいは、留学に要した費用と当座の生活資金を、売却益によって賄ったのかもしれない。

やがて、春雄は損害保険論の確立と損害保険事業の発展に尽力、帝国損害保険会社社長も務めた。図版20は、左がベルギー留学時代、右が東京高等商業教授時代の姿である。

図版20　村瀬春雄肖像
（左：ベルギー留学時代、右：東京高商教授時代）

三男の五三郎は東京の清水家に養子入りするも、わずか一年で関戸家に復籍した。その後のことは不明。四男の陽一は川辺郡銀山町に分家させられていたが、復籍後に神戸商業講習所の後身である神戸商業学校を卒業、金融業界で活躍した。

ついでながら、陽一は外交官として著名な天羽英二と親しかった。天羽は東京高等商業学校に学んだことから、同校教授の春雄を介して陽一と知己になったのであろう。

『天羽英二日記』第三巻には「昭和十一年二月十六日（日）午後堀ノ内心月院（杉並区）関戸陽一母二十三回忌法会参列」とあり、フサは大正二（一九一三）年に亡くなったことがわかる。「堀ノ内心月院」は、東京都杉並区梅里にある三田九鬼家所縁《ゆかり》の寺院である。同巻には「昭和十二年七月十五日（見送人）関戸陽一　村瀬逸三　スイス公使拝命　出発時」との記載もある。

「村瀬逸三」は村瀬春雄の次男であり、父と同じく保険業界で活躍、大正海上火災〔現在の三井住友海上火災〕社長を務めた。

伝承のなかに

最後に、由義の影を生きた左一郎のことにふれたい。明治二六年、左一郎は最初の妻美弥との間に儲けた長男の雄治に、「北長狭通四丁目七番ノ壱」と「下山手通四丁目貳拾四番ノ壱」の所有地所を譲渡している。

付言すれば、左一郎は美弥と死別後、ふたりの妻を娶った。ひとりは多カ。『戸籍写』には「〔明治―引用者〕十年十二月三日東京府第五大区七小区下谷中御徒町三丁目本口益雄伯母妻ニ娶ル」とある。明治一一年六月二三日、左一郎との間に二男の三治を儲けるも、同年一二月一〇日に離婚。

そして、翌一二年六月二八日、元福井藩家老本多敬義こと波釣月の長女〔庶子〕恵津を三人目の妻に迎えた。まことに奇妙なことだが、恵津は入籍の翌日に死去している。だが、左一郎の身辺に異変があったという話は残されておらず、恵津の死は不慮の事故によるものか、自死したことを秘匿されたかの、いずれかではなかろうか。

話を戻すと、雄治に所有地所を譲渡したあとの左一郎の足取りが判然としない。雄治のもとで悠々自適の余生を楽しんだとも考えられるが、明治二六年時点で左一郎はまだ五〇歳である。

（この世間師は、いったいどこで、どのように暮らしていたのか？）

左一郎の足取りを摑めずにいた筆者は、由義が採鉱事業に手を染めた多田銀銅山を取材するうち、ひとつの可能性にたどり着いた。それが民田〔現在の兵庫県川辺郡猪名川町民田千軒〕に残る「お歌ばあさん」の伝承である。『郷土の民話　阪神編』に収録されたその概要を紹介しておく。

明治の頃、民田千軒にお歌という老婆がいた。そのお歌がまだ若い時分、夏の大雨で、家の側を流れる大路《おおろ》次川《じがわ》が氾濫した。お歌はふたりの幼い娘を脇に抱えて裏山に避難する。折悪しく夫の正吉は、神戸に縮緬《ちりめん》呉服の商いに出かけて不在であった。お歌は気丈にも、浸水した家にとって返し、なんとか畳二枚と衣類を持ち出した。そして、畳を立て合わせると、幼い娘たちをそのなかに隠して、風雨から守った。やがて雨が小降りになると、お歌はふたりの娘を連れて山中の間道を歩き、神戸からきたという関戸親分が千軒上に建てた異人館をめざす。被災したお歌の一家は、万善鉱山の社宅に移り住み、呉服商いを辞めた正吉はそこで鉱夫として働いた。そのうち、お歌は内助のために、千軒の上流に茶店を開く。そこは丹波・能勢から池田・大坂を経て京都につうずる西街道沿いであり、お歌の器量と客あしらいの巧みさもあって、街道を往来する人びとから「鴬の茶屋」の名で親しまれて繁盛した。

何の変哲もない懐古譚であるが、「神戸からきたという関戸親分」という一節に、筆者の目は釘付けとなった。

（ここにおられましたか?!）

という驚きと喜びが、同時に湧きあがる。

早速、明治期に川辺郡一帯で発生した水害を調べ、「笹尾流《ささおながれ》」として語り継がれる大規模な河川氾濫があったことを知った。明治二九年八月三〇～三一日、大型の台風が近畿一帯を襲い、豪雨によって川辺郡内を流れる河川の水位が急激に上昇、猪名川では鉄砲水が発生する。六瀬《むせ》村役場「現在の兵庫県猪名川町笹尾字黒添ヱ二二六瀬住民センター」や人家あわせて一七戸を押し流し、二九名におよぶ死者を出した。「お歌ばあさん」に描かれた大路次川の氾濫も、笹尾流を引き起こした豪雨によるものだろう。

（明治二六年に神戸山手の所有地所を長男の雄治に譲渡した左一郎は、この豪雨があった時期、民田村山内の鉱山借区に建てた異人館、つまり、洋風住宅に移り住んでいた。お歌とふたりの娘は、そこをめざしたのだ）

筆者はそう推測した。と、同時に、

（関浦ではなく、関戸だったのか）

とも思った。

関浦というのは関浦清次郎のこと。開港まもない神戸で人足寄場と人足屯所――通称「百人部屋」――を差配し、現在の神戸上組の基礎を築いた人物である。じつは神戸近代化の功労者たちを描いた神戸新聞社『海鳴りやまず』第一部には、「晩年の関浦は猪名川町民田千軒に異人館を建てて住んでいた。古老は『神戸から来た親分の家』とウワサしたが、いまは跡かたもない」という記述がある。

たしかに関浦は「関ノ浦」という四股名で、大坂相撲の十両を張った経歴を持つ。流れ着いた神戸で沖仲士の頭領格となり、兵庫県より寄場と屯所の監督を委託された。その意味で、文字どおり「親分」と呼ぶにはふさわしい存在だ。

しかし、関浦と民田千軒との間には接点が見当たらない。それどころか、関浦は明治一二～二二年に東京で興した荷役請負事業に失敗、神戸に戻ったあと、港の顔役として振る舞い、明治三九（一九〇六）年一月に他界している。当初は城ケ口共同墓地に埋葬されたが、大正五（一九一六）年春日野墓地に改葬されて、その墓は今日も同墓地にある。

要するに、『海鳴りやまず』に記された関浦の晩年は誤りなのである。執筆担当者が「お歌ばあさん」に登場する関戸親分を、関浦親分と勘ちがいしたようだ。『海鳴りやまず』は、由義を慶治――その実体は左一郎――と混同したうえで、貿易五厘金制度、諏訪山温泉開発、山手雑居地での土地投機等をあつかっている。ために、洋行帰りの切れ者たる由義の姿からは、「親分」という無骨なイメージが浮かばなかった、ということであろう。

さて、「お歌ばあさん」の伝承について、筆者が民田千軒で取材したところ、おおよそ左のような実話にもとづくことがわかった。

民田村の木森家の娘お歌は、上品な美人と評判であったが、明治初年頃に神戸出身の横田庄吉を婿に迎え、民田千軒の西街道沿い〔現在の大路次川西岸、民田平井の漁協管理事務所付近〕で所帯を持つ。庄吉・お歌は娘をふたり儲けた。庄吉は縮緬呉服の商いで民田と神戸を往来していた。明治二九年八月三〇日、近畿地方を襲った台風による豪雨で、大路次川の水位はかつてないほど上昇。お歌は娘ふたりと家にいたが、三一日深夜、大路次川が氾濫したために、母子三人で裏山に登って水難を避けた。浸水した家から辛うじて畳二枚と衣服を運び出したお歌は、畳をテントのように立て掛け、風雨から娘ふたりを守る。やがて小降りになったのを見計らい、お歌と娘ふたりはそのまま山中の間道を抜け、千軒上にある関戸邸をめざした。関戸は神戸市街の不動産取引で財を成し、明治七年頃から多田銀銅山を借区、地元の鉱山関係者と組んで採鉱事業をおこなってきた。明治二七年頃に神戸市街の所有地を全て処分し、民田の平井から千軒上に続く間道沿いの借区に、洋館風の住宅を建てて住みついた。被災したお歌母子に同情した関戸は、万善〔現在の兵庫県川辺郡猪名川町万善〕にある吉祥鉱山の鉱夫用住宅を斡旋する。お歌の夫である庄吉は縮緬商いを辞め、そこで採掘労働に従事した。お歌もまた、被災した旧家屋より二〇〇メートルほど上流の西街道沿いに茶店を開き、往来の旅人や行商人から「鶯茶屋」として親しまれることとなった。

じつは横田庄吉・歌夫妻の御子孫が、民田千軒でいまも暮らしておられる。筆者は偶然にもお目に掛かることができ、お歌が幼い娘たちとともに逃れた裏山の場所などを教えていただいた。御子孫のお話を要約すると、左のとおりである。

「私たちの祖母にあたるお歌は、とても綺麗で上品な人でした。いまの鮎漁協会事務所付近に暮らしていましたが、大路次川が氾濫したときには、裏山に登って、畳をテントの代わりにし、幼い娘を風雨から守りました。『お歌ばあさん』の民話に出てくる、避難途中のお歌から『笠を貸してほしい』と頼まれたのに、それを断った音やんとお夏夫妻の店は、いまの千軒村にあったと聞いています。お歌の家族は一時、万善に土地を持っておりましたが、ある時、それを手放して、いま私たちが暮らしている場所に越してきて、飯屋のような店を営みました」

図版21は、「鶯茶屋」があった付近から撮った大路次川の風景である。対岸には現在キャンプ場が設けられている。「関戸親分」のことを御子孫に尋ねたが、残念ながら「聞いた記憶はない」とのことであった。

お歌がふたりの娘と避難した裏山周辺を探索すると、かつて山間道がとおっていたらしき地勢を確認できた。いまは草木に覆われた獣道《けものみち》と化しているが、改めて数種の地図を照合したところ、現在の国道一七三号線「民田口」から民田集落を経て国道五〇三号線「上阿古谷《かみあこたに》」に抜ける東西道とほぼ平行に走っていたことがわかる。

図版21　「お歌ばあさん」伝承の地（民田千軒周辺）

そして、この山間道と旧丹州街道の大部峠《おべ》がぶつかる周辺一帯には、いまも間歩跡や水抜孔跡が点在する。また、付近には製錬後に出る鉱石屑の捨て場や石垣跡や古井戸もあり、かつて鉱山関係者が居住していたことを物語る。

（お歌がめざした関戸の異人館は、このあたりに在った。義兄という以上に、無二の相棒である由義を失った左一郎は、家督を雄治に譲ったあと、神戸を去って民田山内の鉱区に移住したのだ）

筆者はそう確信した。否、そう確信したかった、というのが本音である。

由義との死別《わかれ》は、左一郎にとって、身の半分を奪われたほどの喪失感をもたらしたにちがいない。実際、左一郎が民田に移住したとしても、はたしてどの程度、採鉱事業に関与したかは不明である。

手持ちの財産を使い切る覚悟で、隠遁に近い鉱山《やま》暮らしを選んだ可能性が高い。あまつさえ、左一郎は貸金訴訟によって、神戸財界に絶大な支配力を持つ三井組を敵に回していた。由義亡きあとの神戸では「もはや成功の見込みなし」と判断しても不思議ではない。

『土地台帳』で、銀山町、民田、内馬場〔現在の兵庫県川辺郡猪名川町内馬場・伏見台〕を調べてみたが、土地登記欄に「関戸左一郎」の名は見当たらなかった。さきほど述べたように、借区内に洋風住宅を建てたのであろう。

二〇年近くにわたり、多田銀銅山の再開発に関与した左一郎は、地元民からも一目置かれていたはずだ。明治二九年の水害当時、左一郎はまだ五三歳。文字どおり世間師として人生の酸いも甘いも噛み分けた漢《おとこ》の風格をまとい、「親分」という呼称もしっくりと馴染む存在であったと考えられる。

明治三二年五月一九日、多田の山師である横山治兵衛が、民田村内の鉱山借区に製錬場および焼鉱場を建設する。その際、横山は代理人の市川市太郎を介して、稼行後の煙害に関する賠償金支払契約を、地元の地主代表である熊井万吉・福井嘉市・熊井角之介・今仲儀三郎・熊井為吉との間で取り交わしている。

この頃、左一郎は何をしていたのだろうか。幼き頃より、我が子同然に情愛をそそいだ慶治が、訪ねてくることはあったのだろうか。そして、左一郎はいつ、どのように亡くなったのであろうか。はたして埋葬地は何処にあるのか――まだ謎は残るが、すでにこの物語の主題は尽きた気がする。民田千軒に残る「お歌ばあさん」の伝承が、あるいは現時点で確認できる、「鑛山商」関戸家最後の痕跡なのかもしれない。

関戸由義残影　封建制度を否定する革命＝明治維新を経て誕生した新政府は、四民平等を建前とする西洋型近代社会の確立を標榜するが、その成立の前提は何をさておき、身分と職業との紐帯を断ち切ることであった。

爾来、日本においても、何某かの仕事を遂行しようとすれば、それに必要な職掌を、それにふさわしい能力のある人間にあたえれば足りるという、現代人にとっての「当たり前」が常態となっていく。必要な人材を、必要なときに、必要な場所で使える——これが旧秩序と比較して、どれだけ有利な仕組みであるかは、論を俟たないだろう。

司馬遼太郎は『「明治」という国家』のなかで、維新革命を経て生れ変わった日本を、「青写真なき新国家」と喝破した。青写真とは、建築のための設計図であり、明治政府は当初、これを持たずに国造りを開始したことになる。ために、分野の別を問わず、何らかの青写真を携えた人材に対する需要は青天井であり、かような人材と認められた者には、大なり小なり、必ず活躍の場が保証された。

ただし、ここでいう青写真が、あくまでも「欧米列強に倣《なら》え」という新政府の国家建設スローガンに合致したものでなければならなかった点、留意すべきである。関戸由義は、こうした青写真を持つ人間のひとりであった。生涯の大半が謎に包まれた由義は、神戸の発展史や実業史において、「最新の西洋知識を身につけた切れ者」という肩書で登場する。

サンフランシスコに商用渡航した由義は、帰朝後、開国によって混乱した貨幣制度の是正を論じた『貨幣之儀』を建白、西洋型経済システムの基礎となる貨幣制度の青写真を新政府に提案した。それを認められて民部省通商少佑を拝命。そこから兵庫県外務局勧業課少属に転じると、神戸の貿易事務や都市整備に手腕を発揮していく。その際、由義が神戸建設の青写真としたのは、サンフランシスコで獲得した知見である。

ここで重要なのは、由義のサンフランシスコ体験が、密航という多分に犯罪的な響きを持つ行為によって獲得された事実であろう。海禁政策を敷いた徳川幕府の支配下では、歴然たる国禁破りであり、海外渡航が解禁となった慶応二年以降も、幕府の許可なき海外渡航は同様の扱いであった。

だが、蛮勇を奮って脱国し、海外での学問修業や商取引を終えて帰国すると、新生日本では「洋行帰りの知識人」として重宝され、得意の分野で手腕や才覚を発揮する機会があたえられた。その意味で、密航という命がけの挙に成功した者たちが、日本近代化の礎《いしずえ》になったとも言えよう。

明治維新前夜、神戸は将来設計の青写真なしで、開港場として出発した。初代兵庫県知事の伊藤俊輔は、外国人居留地を中心とする神戸港の整備を進めるが、中途でその任を解かれている。そこに登場したのが、サンフランシスコで港都設計の青写真を仕入れた関戸由義。神戸の貿易行政と市街地整備は、まさにこの男の独壇場となった。

「兵庫県庁の闇将軍」とでも呼ぶべき立場を背景に、由義は公益奉仕と私益追求という互いに相反する命題を、巧妙な仕掛けをつうじて同時に達成していく。その際、能吏の顔と投機師の顔とを、ヤヌスのごとく自在に操ることで、世間の眼を惑わせた。

とくに由義にとって無二の相棒である義弟の左一郎が、由義の長男慶治の背後に隠れて土地投機の実務を引き受けたお陰で、由義自身は狡猾な内部者取引への関与を表立って告発されることなく、「私欲に耽る貪官汚吏《どんかんおり》」という非難も免れることができた。

そんな由義と左一郎のコンビをひと言で表せば、黎明期神戸を駆け抜けたトリックスターとなろうか。秩序と混沌、文化と自然、善と悪、相対立する世界を往来《いきき》し、知恵と策略を以て新しい状況を生み出す媒介者を指す概念だが、この義兄弟はまさにそれである。

ここで、青写真なき開港場神戸を国際貿易と観光で鳴る西の港都へと押し上げた力が、じつは明治維新の主流を外れた周縁からやってきた事実に着目せねばならない。考えてみれば、当然ではある。明治維新を推進したとされるのは、俗に三百諸侯と称される大名領中のわずか四つ――薩摩・長州・土佐・肥前――にすぎないのだから。

逆に、大名領の乱立は、日本社会に多様性をもたらした。大名領を表す「藩」なる通称は、「まがき」とも訓《よ》み、「垣根」を意味する。よって、「藩」とは、互いに気候や地勢や民性を異にする、ある種の小国家を成していた、と見てよい。

この点を念頭に置いて、黎明期神戸に視線を戻すと、由義に乗せられて、旧生田川跡地に豪宕な南北幹道＝瀧道筋を敷いた加納宗七、彼と組んで半官・半民の海運会社＝回漕会社を率いた岩橋萬造は、ともに和歌山城下で材木商兼回漕業を営む豪商。海の国にして山の国でもある紀州藩らしい。

福澤の勧めで志摩三商会を開設し、輸入業を営む裏で、由義と結託して都市整備の進んだ市街地を買い漁った九鬼隆義、小寺泰次郎、白洲退蔵は、摂津三田藩の主従であった。戦国時代に伊勢志摩の水軍として名を馳せた九鬼家には、山間の盆地にみずからを追いやった徳川幕府への鬱屈があったのか、維新後まもなく藩領そのものを捨て、神戸に新天地を求めている。

開港直後の神戸は、支配権力の不在地帯であったがゆえに、こうした多様な藩風に育まれた人間が「開化」のみを指針として自由闊達に振る舞える空気に満ちていた。これがまた磁石のように作用して、時勢の急転による価値観の変化に鋭く感応した人びとを各地から引き寄せた。関戸由義とその一統も然り、である。

けれども、繰り言になるが、これまで由義の生い立ちは十分に解明されておらず、左一郎の傀儡となった長男の慶治と同一人物のごとく語られることも往々にしてあった。そのときに主語を務めることの多かった由義はともかく、左一郎と慶治は、いったいどこで、どう死んだのかさえも、現時点では定かでない。

ちなみに、筆者は盆と彼岸の頃に追谷墓園の由義墓を訪ねているが、供え物や献花を確認したことがない。平成二七年早春に訪ねたときには、茂り放題の雑草は枯れ果て、芝台を囲む土は所々がえぐられたように凸凹《でこぼこ》していた。回向《えこう》に訪れる子孫や縁者が、もはやいないと考えられる。

ここで敢えて開き直ったもの言いをすれば、一五〇年も昔の世界など、乳白色の霧中にあり、じつのところ筆者にはほとんど何も見えない。だが、そこに何かを見たいという念があり、その念に動かされながら、ほのかに見えたことに対する驚きを糧として、なんとかここまで書き進めてきた。

洋風小学校の開設、瀧道筋と栄町通の造成、山手地区を縦横に走る街路の整備、諏訪山温泉郷の開発、神戸商業講習所の創設――これらはいずれも、神戸近代史に燦然と輝く事績にちがいない。そう、たしかにちがいないのだが、神戸市が正式に誕生した明治二二年頃より、まるで市民が意識的に忘れようとしたかに思えるほど、由義とその一統の姿は神戸史のなかから消え去っていく。

官民癒着による土地投機の余りに狡猾であったがゆえに、由義の功罪は相半ばせず、採鉱事業の蹉跌による家運の傾きとともに、世間の羨望と嫉妬が罪の側面をことさら強調する方向へと動いたこともあろう。そして、由義が他界するや、関戸という名に対する世間の風当たりは、さらに厳しさを増したのではないか。

これに関連して、『三十年史』坤にある一節を引いておく。

「（新来の移住民は）古郷《ママ》を棄て、新運命を求めんとして来る者なり、冒険も恐れず、労苦も辞せざる気力ある者と認めざるべからず。彼等の眼中には自己あるのみ、隣人すら之れなきなり。彼等の胸中には利己あるのみ、他人の利害を顧慮する遑《いとま》なきなり。彼らの欲望には銭あるのみ、名誉の如きは問ふ所にあらず。彼等は高尚なる嗜好を有せず、而して壮んなる営利の意志を有す。彼等は優美なる思想を有せず、而して燃ゆるが如き貨殖の希望を有す」

全国各地から一攫千金を狙って開港場に流れ込んだ有象無象――彼らにむけた兵神旧住民たちの複雑なまなざしの一端を如実に表している。

（あいつら余所者のお陰で、神戸の港も賑《にぎ》わっているけど、なんだかなぁ……）

という屈折した感情がそこはかとなく漂う。旧住民たちの胸中に、庇《ひさし》を貸して母屋《おもや》を盗られたごとき状況への、忸怩たる念があったことだけはたしかである。

また、余所者のなかにも、成功者と失敗者は必然的に生じた。いきおい後者は前者に対して、また前者が牛耳りはじめた神戸という地に対して、負の感情を抱いたことも想像に難くない。思えば、北風家との共同事業に失敗、顔面神経痛を患って神戸を去ったジョゼフ・ヒコの回想にも、同様の感情がしばしば顔をのぞかせる。

こうした歴史に由来する複雑な事情もあいまって、神戸の人びとは無意識のうちに「誰かを顕彰する」という行為に対して、ことさら慎重な心性《メンタリティ》を育んだのではなかろうか。

ただし、そうなると、顕彰の前提となる調査・研究に必要不可欠な記録、あるいは記憶も、さほど価値ある遺産とは見なされず、容易な廃棄にもつながる。当然の帰結として、「歴史を書く／描く」という意識的で自覚的な営みをおこなう際、書き手の最も大切な拠り所となるはずの史料も、散逸の憂き目を見てしまう。

生前の由義と親しかった安藤行敬の回想記を採録した「事蹟一斑」が長らく放置される一方で、由義の生い立ちに関する調査を忌避した赤松「先覚関戸」の誤った解釈が流布した結果、神戸市街整備の立役者の物語は、混乱と錯綜を孕んだまま、今日まで細々と伝えられてきた。

とはいえ、近年出された神戸人物史伝中の白眉とも言える一坂太郎『ひょうご幕末維新列伝』に、関戸由義に関する記載は全くない。加納宗七、志摩三商会、ジョゼフ・ヒコには、各一章を設けてふれているにもかかわらず、である。

無論、このような事実をあげつらい、赤松や一坂の責任を追及するつもりなど毛頭ない。それどころか、『開拓者伝』も『ひょうご幕末維新列伝』もいずれ劣らぬ名著であり、神戸史の解明と深化に果たした貢献は計り知れない。この両著に教えられることがなければ、筆者が関戸由義の謎を追うこともなかった。逆に言うと、由義という人物が、両泰斗の目線を狂わせるほどに不可解な存在であった、ということだろう。

思えば、仕事とは不思議なものである。それにひたすら没頭する者は、あたかも自分の香りを知らぬ花のごとくである。自分がいまどこまで達成したのか、来し方を振り返ることはない。

しかも、仕事の成果は目立たせたいと思うと隠れ、隠れておこなったことも、いつかその意味が知られる日はくる。それが自分の願うときに、願うようなかたちで訪れないだけだ。全く知らない誰かが、自分の没後にそっと感謝してくれることも少なくはない。

開港一五〇年を迎える港都神戸にとって、関戸由義の仕事は、まさにそうしたものであろう。神戸の知られざる物語《ヒストリー》を書き終えたいま、ふと頭に浮かぶのは、文明開化のまばゆい光が造った陰影のなかを、由義をはじめとする関戸家の人びとが蝙蝠《こうもり》然として舞い飛び、やがてみずからも陰に溶け込んで消え去る、夢幻のごとき妖しさに彩られた光景である。

あとがき

私事で恐縮である。思い起こせば、筆者が抱いた最も卑近にして素朴な疑問は、「東の横浜、西の神戸」と称されるが、同じ開港場を起源としていても、なぜ神戸のほうは——阪神淡路大震災に見舞われたことを勘案しても——かように雑然として奔放なのか、ということだった。よく「百万弗の夜景」とも讃えられるが、夜景は暗闇のなかで遠目より眺めて、はじめてその価値《ありがたみ》がわかる。

こう言ってしまうと、何やら身も蓋もないが、筆者は毎日この街のなかを片道三キロメートルほど歩いて勤め先の大学にかよっている。開港場という近代史上とびきりの価値を持ちながら、さほど大仰な構えも衒《てら》いもない、そんな気軽さと気楽さが心底好きである。

（この原因《もと》は、どうも最初の設計と施工の事情にあるようだ）

ということは、初めてフラワーロードと栄町通を歩いたときに勘づいた。そして、鉄道線路以北の山手高台にひろがる街並みを眺めて、そのことを確信した。

こうして加納宗七から関戸由義へと、神戸創成の物語がつながっていく。だが、個人情報保護の高い壁からのぞく光景はじつに断片的なものにすぎず、推測に推測を重ねながら、由義の謎に包まれた生涯をひとつの物語に紡いでいく作業が続いた。

途中、何度となく編み目をまちがえては、紡いだ糸をほどき直し、また紡いでを繰り返すこととなった。それでも、ちぐはぐさを残しながら、なんとか紡ぎあげた物語の雛型を携えて、各所で取材と調査を繰り返すうちに、ようやく最初の編み目の作り方を記したものに出会えた。それが『戸籍写』と『取調書』である。

最初の編み目が定まったことで、兎にも角にも、本邦初（?）の関戸由義伝を仕上げることができた。だが、描き終えてなお隔靴掻痒の感が残るのは、由義の生涯についていまだ埋まり切らぬ空白《ブランク》を残したためであり、また、逆に失われた環《ミッシング・リンク》を補う幸運に連動して、思わぬ箇所に従来着目されなかった謎、疑問を見出したためでもある。

幸いにも、現在、建築学分野の若手研究者を中心に、草創時代の神戸における都市整備の実態があきらかにされつつある。筆者もその成果を参考にさせていただいたが、いずれも神戸為替会社（三井組）、志摩三商会（九鬼家主従）、そして関戸由義・慶治［実際は左一郎］の役割に着目し、実証的な分析を試みている。

また、兵庫県川辺郡猪名川町では、教育委員会教育振興課社会教育室を中心に、鉱床学や電子工学の研究者も参加して、国指定史跡となった多田銀銅山跡に関する調査が進められている。それと併せて、近代以降の多田銀銅山の再開発についても、旧鉱山関係者の家に伝わる貴重な文書類の整理と検証がおこなわれている。そのなかには、関戸由義、慶治、陽一、そして左一郎の名を記したものも少なくはない。

このような現状に鑑みれば、関戸由義とその周辺の人物群の生涯をたどった初歩的な文献が一冊あってもよかろう。埋まり切らない空白は、右に紹介した研究や調査によって、次第に埋められていくにちがいない。むしろ本書が、そうした営みに従事する方々の、ささやかな踏み台になれば本望である。

ここで、いささか唐突ながら、ふたりの先人の言葉を紹介したい。いずれも、人物評伝を書くことの意義を、わたしたちに教えてくれる。まず、異能の心理学者アルフレッド・アドラーは、ひとは個人としての弱さや限界を、他者とむすびつくことで克服するから、自己の幸福と人類の幸福は共同体感覚を持つことによって実現できる、と主張した。大切なのは、アドラーの言う共同体が、「過去、現在、未来のすべての人類、さらには生きているものも、生きていないものも含めた、この宇宙全体を指している」ということ。

アドラーが提起した共同体感覚の真意を、歴史と人間の相関を深く洞察する立場から、これ以上はない明解さで、わたしたちに伝えてくれるのが司馬遼太郎『二十一世紀に生きる君たちへ』の一節である。曰く、「私には、幸い、この世にすばらしい友人がいる。歴史の中にもいる。そこには、この世で求めがたいほどにすばらしい人たちがいて、私の日常を、はげましたり、なぐさめたりしてくれているのである」と。共同体のなかで生きる死者たちは、いまもわたしたちと対話し続けることができるものであり、敬意を以て接すべき存在なのである。

本書を執筆する過程で、各方面から、貴重な史料の提供や、有益な御助言ならびに御教示、そのほかさまざまな御支援をいただいた。それらを十分に活かしきれなかったのは、ひとえに筆者の力量不足によるものである。最後に、ご協力くださった方々および機関の御名前〔敬称略〕を、感謝とお詫びの双方を込めて、列記させていただく。

松本正三〔神戸市文書館〕、村野利昭〔神戸村野工業高等学校〕、森田竜雄〔一般財団武井報效会百耕資料館〕、河島裕子〔尼崎市立地域研究資料館〕、大安榮晃〔故人・ロードス書房〕、長野栄俊〔福井県立図書館〕、印牧信明〔福井市立郷土歴史博物館〕、宇佐美雅樹〔福井文書館〕、田中秀昭〔鵜鷺コミュニティセンター〕、八幡一寛〔取材時、出雲市文化環境部文化財課〕、中山玄貴〔出雲市市民文化部文化財課〕、青木美香〔猪名川町教育委員会教育振興課社会教育室〕、谷口義子〔神戸学院大学「地域学」「神戸学」担当〕

兵庫県公館県政資料館、神戸市立博物館、神戸市立中央図書館、神戸大学附属図書館、早稲田大学図書館特別資料室、公益財団法人三井文庫、神戸地方法務局、神戸地方法務局伊丹支局、慶應義塾福澤研究センター、出雲市立中央図書館、横浜開港資料館、ＪＩＣＡ横浜海外移住資料館、多田銀銅山悠久の館、猪名川町立ふるさと館、播磨町郷土資料館、湊川神社

【関戸家略年譜】

元号年	西暦	関戸一族身辺事項	政治・経済・社会・文化
文政12	1829	10／25 関戸由義、越前国足羽郡下呉服町で誕生。幼名は良平。父は薬種商第四代輪違平兵衛、母は同亀屋町の藩医第四代山本正伯宅に乳母奉公した女性	3／ 江戸大火
年月日不明		［幼年～少年期］良平、第四代山本正伯のもとに下男奉公 ［青年期］父平兵衛死去に伴い、家督相続	（天保4／1833） 天保大飢饉発生（～天保10）
天保10	1839	4／11 山口フサ誕生［京都按摩師］	12／ 蛮社の獄
天保14	1843	2／7 山口左一郎誕生［フサ実弟］	3／ 幕府、江戸よりの人返し実施
年月日不明		［青年期］○良平、輪違本家二男の妻と密通。本家当主弥一郎の告訴により数カ月の投獄後、越前追放 ○良平、京都に流れ、客分として按摩師山口家に厄介 ○良平、山口フサと結婚	（嘉永1～5／1848～1852） この頃、琉球にアメリカ、イギリス、ロシア等の外国艦船の来航が頻発 （安政6／1859） 1／ 第四代山本正伯死去
慶応元	1865	7／26 良平・フサの間に長男慶治が誕生	5／ 第二次長州征伐
年月日不明		良平一家と左一郎、江戸に移住。良平、医者開業。「関戸」姓を名乗り「関戸由義」と自称。フサと左一郎も「関戸」に改姓	（慶応2／1866） 1／ 薩長同盟成立 12／ 福澤諭吉『西洋事情』初編刊行

慶応3	1867	3／9 関戸左一郎、江戸福井藩邸出入商人の鈴木三右衛門と養子縁組 [伝聞] 関戸由義、江戸市中の混乱に乗じ、書画骨董品を安値で大量購入	4／ 横浜93番外商ヴァン・リード、『万国新聞』に「アメリカへ学問修業交易又は見物遊歴に渡海被成度ものは随分御世話可申候」の広告掲載 12／ 神戸開港（西暦1868年1月1日） 12／ 王政復古の大号令、新政府誕生
慶応4／明治元	1868	3月上旬 関戸由義、横浜よりサンフランシスコに密航。関戸左一郎、由義の長男慶治の後見人に 5／13 [和暦4／11] 同日付『ハワイ王国官報』に、関戸由義と思しき〝Dr.Sekido〟なる人物がハワイ島を訪問し、特産品、労働制度等を視察との記事掲載 5／27 [和暦閏4／6] 同日付『ハワイ王国官報』に、〝Mr.Bartow〟がホノルルに滞在中の〝Dr.Sekido〟を介して、呉服を中心とした日本の工芸品を大量に購入との記事掲載 6／17 [和暦閏4／27] 同日付『ハワイ王国官報』掲載の「6／15アイダホ号でサンフランシスコに到着した旅行者リスト」に〝Dr.Sekido, Yeguich Yanagimotu, Ogata Tegiro〟が掲載	1／ 鳥羽・伏見の戦 [戊辰戦争勃発] 2／ 三井・小野・島田各組、御為替方拝命 4／ 神奈川奉行所の認可を得た集団出稼移民42名がグアムに渡航 4／ 江戸城開城、討幕軍入城 4／ ヴァン・リード周旋によるハワイ移民「元年組」を載せたサイオト号が新政府の渡航許可なく横浜を出航 9／ 「一世一元の制」制定 11／ 神戸村、二ツ茶屋村、走水村を合併して、神戸町が成立
年月日不明		[不詳] 関戸由義、サンフランシスコより帰国。横浜本町四丁目商人小西屋伝蔵の厄介に [伝聞] 関戸由義、兵庫県に洋学校の設立を建白	

元号年	西暦	関戸一族身辺事項	政治・経済・社会・文化
明治2	1869	[不詳] 関戸由義、横浜弁天町五丁目商人門屋幸之助と連署で『貨幣ノ儀ニ付申候書付』作成 12／4 関戸由義、民部省通商少佑拝命	6／ 諸藩主に版籍奉還を許可 8／ 民部・大蔵2省を統合 12／ 東京－横浜間に電信開通
明治3	1870	9／ 英国書記官アダムス、新潟県為替商社訪問の件につき、関戸由義と新潟知県事平松時厚との間で齟齬発生 12／5 関戸由義、民部省通商少佑免官 [不詳] 関戸左一郎が神戸北長狭通四丁目に関山小学校を設立	1／ 回漕会社設立 8／ 大阪－神戸間に電信開設 10／ 岩崎彌太郎、九十九商会［三菱商会の前身］設立
明治4	1871	3／21 関戸由義・フサの間に次男春雄が誕生 3／24 関戸由義、兵庫県外務局勧業課少属として出仕 5／24～31 関戸由義と北風正造の間で軋轢あるも和解	3／ 生田川付替工事着工（～6月） 4／ 戸籍法制定 7／ 廃藩置県の詔書
明治5	1872	1／28 関戸由義、「関戸良平」の名で、前福井藩主松平慶永に「唐筆1箱・賀茂川千鳥1箱」を献上 [推定] 2／1からの戸籍法施行に際し、関戸由義は「越前足羽郡福井士族山本正伯亡二男」、左一郎は「同三男」、フサは「越前国足羽郡福井士族山口作右ヱ門亡二女」を申告 2／1 関戸由義、兵庫県外務局勧業課少属を免官	2／ 戸籍法施行［壬申戸籍］ 土地永代売買解禁 3／ 「鉱山心得書」制定 7／ 大蔵省達で全国に地券交付 11／ 加納宗七、旧生田川跡整地着工 12／ 太陽暦採用にともない明治6年1月1日に→以降西暦と和暦の月日が

年号	西暦	関戸家	一般
		4／関戸由義、貿易五厘金紛争を解決。三井組・小野組を社長とする貿易商社の設立に尽力 9／16 関戸由義、神戸市中新大道取開掛兼町会所掛を拝命、十一等出仕 9／ 関戸由義、旧生田川跡整地につき有本屋（加納）宗七に大道敷設を進言 11／ 関戸由義、福澤諭吉に湊川神社前の土地を3400両で斡旋	一致
明治6	1873	2／ 関戸由義、諏訪山山麓に鉱泉開削。長男慶治の名で、温泉郷の開発と温泉場一帯を「関山町」と命名する申請書を兵庫県に提出 11／ 栄町通竣工にあたり、関戸由義が石川季遠と共に、各町副戸長連署の頌徳表を奉受 ［不詳］関戸由義、神戸市各区の共同墓地を統合。城ケ口に近代的な共同墓地を新設 ［不詳］関戸由義、神戸港改築と水道整備を唱導	3／ 摂津三田藩九鬼家の主従が開発途上の栄町通に輸入会社「志摩三商会」を設立 5／ 加納宗七が旧生田川跡を整地し、幅18メートル、南北1・6キロメートルの瀧道筋［現フラワーロードの前身］敷設 7／ 民営鉱山に関する統一的鉱業法典『日本坑法』制定 7／ 地租改正条例布告

元号年	西暦	関戸一族身辺事項	政治・経済・社会・文化
明治7	1874	2/9 関戸由義、兵庫県庁舎の新築に際し、慶治名義の所有地を396円80銭1厘で兵庫県に売却 3/ 関戸由義、神戸元町六丁目の駅逓寮出張所神戸郵便役所地43坪8合を建物共350円で買取り 7/ 関戸由義、長男慶治の名義で、イギリス人ジョゼフ・エリオットより山手地所を買取り 8/31 関戸由義、神戸郵便役所造営に参画 9/18 関戸左一郎、神戸北長狭通外五十ケ町戸長役場の副戸長を拝命 10/30 関戸由義、栄町六丁目郵便役所地200坪9合及び東隣地42坪を690円で売却 ［不詳］小野組閉店に伴い、同組からの融資の抵当とした諏訪山温泉場が大蔵省国債局に接収	2/ 佐賀の乱勃発 5/ 神戸－大坂間に鉄道開通、仮営業開始 10/ 加納宗七が八部郡小部村堂ノ前における石炭試掘を兵庫県に申請
明治8	1875	3/3 関戸由義、長男慶治の名義で、多田銀銅山［民田村鳴出・立銥・厚朴、広根村字金懸間歩、銀山町珍幸・櫻、南田原北浦・石金等］を借区し、採銅事業開始 4/8 関戸由義、長男慶治の名義で、エディ・メイフィールドとの間に、北長狭通二丁目の所有建屋・地所の貸借契約を締結	5/ ジョゼフ・ヒコ、北風氏と合同で製茶輸出開始 10/ 加納宗七が神戸港東側に5万5000坪の船溜を建築

		5／7　関戸由義・フサの間に三男五三郎が誕生 6／　関戸由義、長男慶治の名義で、兵庫県川辺郡国崎村の桐山坑から松ケ原坑に至る鉱山地帯を同村方総代理より無期限借区し採掘開始 [不詳]　関戸由義、ジョゼフ・ヒコに、神戸市街造成と不動産投機に関する野心を告白	
明治9	1876	3／11　関戸左一郎の妻美弥が死去 5／　旧福井藩家老本多敬義一家が関戸邸隣の神戸北長狭通三丁目に移住 8／22　川辺郡銀山町戸長より関戸慶治に「鉱山開坑につき地貨金受取証」交付 11／　関戸由義、長男慶治の名で、栄町通火災罹災者に義捐金を寄附 12／22　関戸由義・フサの間に四男陽一が誕生	3／　廃刀令布告 9／　森岡昌純、兵庫県令就任
明治10	1877	11／30　四男陽一、摂津国川辺郡銀山町十七番地に転籍して分家 12／3　関戸左一郎、東京府第五区御徒町三丁目日本口義雄の伯母多かと結婚 12／28　関戸由義、神戸商業講習所の開設にあたり、神戸区北長狭通四丁目邸内の木造瓦葺ペンキ塗り二階建て洋館を、校舎として兵庫県に提供	

元号年	西暦	関戸一族身辺事項	政治・経済・社会・文化
明治10	1877	[不詳] 関戸由義、九鬼隆義等と共に、英和女学校（神戸女学院の前身）に600円を寄附 [不詳]『明治十年内国勧業博覧会出品解説』収録の金銀銅主要鉱業人に兵庫川辺郡民田村「関戸慶治」が掲載	2／ 阪神間鉄道正式開業 2／ 西南戦争勃発（~9月）
明治11	1878	1／4 関戸由義、松平慶永より端書にて年頭祝辞を拝受 2／14 関戸由義、松平慶永より「海苔1鑵送ル」との直書を拝受 6／23 関戸左一郎・多かの間に二男三治が誕生 12／10 関戸左一郎・多か離婚	3／ 神戸商業講習所の開学許可 5／ 大久保利通暗殺 5／ 伊藤博文、内務卿就任
明治12	1879	6／28 関戸左一郎、神戸北長狭通三丁目の旧福井藩家老本多敬義の長女（庶子）恵津と結婚 6／29 関戸左一郎の妻恵津死去 夏／ 関戸由義、伝染病予防のために硫酸鉄1万ポンドを寄附 7／11 関戸左一郎、出雲国神門郡鵜峠浦中山の「試掘願」を提出 9／30 関戸由義、華族会館部長局に松平慶永を訪問 10／2 関戸由義、東京松平邸の晩餐に招待	1／ 神戸町と兵庫・坂本村が合併、神戸区が成立 3／ 松山でコレラ発生、全国に蔓延 9／5 神戸商業講習所を元町三丁目六九番地生島四郎左衛門の持家に移転

明治13	
1880	
初冬　関戸由義、東京製靴商西村勝三による諏訪山温泉郷の払い下げ申請に対抗して、前田又吉と共に諏訪山温泉郷の払い下げを大蔵省国債局に申請 3／　神戸区選出議員、諏訪山温泉郷払い下げを大蔵省国債局に陳情→小野組が諏訪山温泉郷を抵当に、関戸由義へ貸与した金額での払い下げを請願 7／前半　関戸由義、東京で福沢諭吉と面談 10／18　関戸由義、松平慶永に菓子2箱を献上 10／28　関戸由義、松平慶永に松茸1籠を献上 11／1　関戸由義、上京して松平慶永に交肴1籠を献上 11／12　関戸由義、松平慶永より生菓子1箱・鴨1羽を拝領 11／16　関戸由義、東京松平邸を訪問、牛肉缶詰2個を献上	11／25　関戸由義、松平慶永より博多帯・半紙・海苔・羽織紐・錦絵などを拝領 12／　福澤諭吉より交詢社加入の誘い 12／19　福澤諭吉より小幡篤二郎宛書簡に「神戸の関戸由義も入社の筈」の一節
1／　交詢社発会式 11／　大蔵省、かつて小野組が関戸由義に融資した金額の1割5分増の額を以て、神戸区へ諏訪山温泉郷を払い下げ	

元号年	西暦	関戸一族身辺事項	政治・経済・社会・文化
明治13	1880	12／30　関戸慶治が上京、湊川神社宮司折田年秀と共に古道具店を訪問	
明治14	1881	8／11　関戸由義、交詢社兵庫支社に加入 ［不詳］関戸家、左一郎の亡妻恵津の墓を建立	10／　明治十四年政変 ［不詳］村野山人、神戸区専任区長就任
明治15	1882	［推定］1／8　関戸由義より村野山人宛書簡「昨日より俄ニ頭瘡痛ヲ発し水蛭ヲ付候」 1／9　関戸左一郎、戸長役場副戸長を退任 12／30　関戸由義、朝鮮行途中の福澤諭吉門下生「井上角五郎、牛場卓蔵、草郷清四郎等」を神戸吟松亭で接待 ［不詳］この頃、「関戸家が落魄」との噂流布	4／　第五代山本正伯（正）死去 6／　日本銀行条例制定
明治16	1883	6／　関山小学校廃校 7／6　関戸由義の次男春雄、東京府日本橋区新右エ門町二番地村瀬サダに養子縁組 7／6　関戸由義の三男五三郎、同右三十四番邸清水イトに養子縁組 12／31　工部省鉱山課『鉱山借区一覧表』掲載の主要鉱業人格付けから関戸慶治が脱落	11／　鹿鳴館開館式

明治17	1884	1／4　関戸由義、退隠。長男慶治、家督相続して戸主に 6／6　関戸由義の三男五三郎、清水家より関戸家に復籍 ［不詳］関戸左一郎、神戸為替会社米会所訴訟費の返済をめぐり、三井銀行京都分店と係争開始（～翌18年） ［不詳］三井銀行京都分店、関戸左一郎の素性を内密に調査	9／　加波山事件発生 10／　秩父事件発生
明治18	1885	［推定］3／31　関戸由義より村野山人宛書簡「此免拚生雲丹国元より持帰り」 4／19　関戸慶治、出雲銅山の検査につき、出雲大社の千家尊福・北島脩孝への紹介を折田年秀に依頼 5／　関戸由義、「出雲国神門郡鵜峠浦山内船谷鉱山借区願」を提出 年末　関戸慶治、「兵庫県摂津国川辺郡広根村字櫻井大金坑借区願」を提出	3／　福澤諭吉『脱亜論』発表 4／　森岡昌純、兵庫県令退任 12／　太政官廃止、内閣制度設置にともない第一次伊藤内閣成立
明治19	1886	［推定］4／11　関戸由義より村野山人宛書簡「三宮御退庁より御来臨之程」 12／　関戸由義と船谷鉱山債主等の間に紛議が生じ、鉱業権を債主側に譲渡 ［不詳］関戸慶治、摂津国川辺郡の猪渕・国崎で鉱業権を取得	10／　ノルマントン号事件発生 不詳　村野山人、神戸区長退任

元号年	西暦	関戸一族身辺事項	政治・経済・社会・文化
明治20	1887	2/ 三菱社が関戸慶治名義の借区地を含む多田銀銅山を買収 8/1 関戸由義、九鬼隆義等と共に、神戸元町四丁目に私立女子手芸学校を設立 [不詳] 関戸慶治、有志等と摂津国能勢郡の鉱業権を共同取得。採掘許可を申請	5/ 加納宗七死去
明治21	1888	8/17 関戸由義、午前9時に神戸市北長狭通4丁目自邸で逝去 8/18『神戸又新日報』関戸由義の死亡記事掲載。関戸左一郎、同紙に関戸由義の死亡広告を掲載 8/19 午後3時、関戸由義の亡骸出棺。城ケ口共同墓地に埋葬。のちに追谷墓園に改葬 8/22・23 関戸左一郎、『神戸又新日報』に由義葬儀の会葬者への御礼広告掲載 9/23 神田兵衛門・小寺泰次郎・村野山人の発起で、湊川神社において関戸由義・藤田積中のための神道・仏教・キリスト教による追善例祭開催	1/ 山陽鉄道会社創立 1/ 藤田積中死去

明治25～27	1892～94	関戸左一郎・関戸慶治・村瀬春雄が、神戸市街に所有する各自の所有地所を譲渡・売却 〔不詳〕関戸左一郎、摂津国川辺郡民田に移住	〔27〕6～7 三井銀行・同物産・同鉱山、それぞれ合名会社に改組
明治29	1896	〔伝聞〕8／30～31 関戸左一郎、大路次川の氾濫で被災した民田千軒の横田歌母娘を保護	9／ 生野鉱山、三菱合資会社に払下げ

【図版出典一覧】　いずれも所蔵元の許可を得て掲載

図版1　伝・関戸由義肖像
川嶋禾舟（右次）［1933年6月］「關戸由義氏事蹟一斑」『兵庫史談』第2巻第6号

図版2　松平慶永（春嶽）肖像
近代日本人の肖像［国立国会図書館蔵］http://www.ndl.go.jp/portrait/datas/html.

図版3　慶応年間の横浜日本人街略図
横浜開港資料館［1991年］『横浜町会所日記』115ページをもとに筆者作成

図版4　「関戸良平」履歴
松平文庫［福井県立図書館保管］『新番格以下　増補雑輩』

図版5　明治三年版『大蔵省官員録』記載「関戸良平」
大隈文書［早稲田大学図書館蔵］

図版6　『御用日記』明治五年正月二十八日にある「関戸良平」の記載
松平文庫［福井県立図書館保管］『御用日記』／筆者撮影

図版7　『御用日記』明治十一年二月十四日の原本記載部
松平文庫［福井県立図書館保管］『御用日記』／筆者撮影

図版8　『ヒコとヴァン・リード』
播磨町郷土資料館所有町指定文化財

図版9　折田年秀肖像

図版10　折田年秀［1997年］『折田年秀日記　第一』湊川神社

村野山人肖像
神戸市文書館所蔵

図版11　**加納宗七銅像（神戸市中央区東遊園地）**
筆者撮影

図版12　**明治中期の栄町通**
神戸市立博物館蔵

図版13　**福澤諭吉の神戸所有地所（上『下山手通貳丁目地図第参拾三號』・下『同三丁目地図第参拾四號』摂津國八部郡神戸港各町地図収録）**
神戸地方法務局保管／筆者撮影

図版14　**春秋社の位置（『山本通三丁目地図第四拾九號』摂津國八部郡神戸港各町地図収録）**
神戸地方法務局保管／筆者撮影

図版15　**「諏訪山温泉　常盤楼」**
垣貫與祐編・刊［1882年］『豪商神兵湊の魁』［神戸史学会複製1975年］

図版16　**銀山町における関戸由義の借区図**
『兵庫県管内摂津国川邊郡第十四區銀山街ニ在朱點區域内之地所建屋別紙約定書之通鑛山営業中貸借之圖面』［広芝家文書］猪名川町教育委員会所蔵

図版17　**関戸左一郎提出の出雲鉱山試掘願（『大字鷺浦・大字鵜峠　鉱山一途　試掘採掘　自明治十二年度至同廿九年度』収録）**

出雲市市民文化部文化財課蔵／筆者撮影

図版18　勝部本右衛門から関戸由義への鉱山譲渡契約書（『鉱山一途　試掘、採掘ニ関スル諸契約一途其他　自明治拾七年至明治廿九年』収録）

出雲市市民文化部文化財課蔵／筆者撮影

図版19　関戸由義から鷺浦・鵜峠浦住民への鉱業権譲渡決議書（『鉱山一途　試掘、採掘ニ関スル諸契約一途其他　自明治拾七年至明治廿九年』収録）

出雲市市民文化部文化財課蔵／筆者撮影

図版20　村瀬春雄肖像（左：ベルギー留学時代、右：東京高商教授時代）

村瀬春雄博士記念事業会編［1964年］『村瀬春雄博士の面影』同文館

図版21　「お歌ばあさん」伝承の地（民田千軒周辺）

筆者撮影

【参考文献一覧】

◇伝記・評伝（刊行年順）

・川嶋禾舟（右次）［1933年6月］「關戸由義氏事蹟一斑」『兵庫史談』第2巻第6号

・赤松啓介［1980年］「都市計画の先覚　関戸由義」『神戸財界開拓者伝』太陽出版

・松田裕之［2014年9月］「関戸由義事績考――神戸市街造成の謎を追って――」『神戸学院大学経営学論集』第11巻第1号

・松田裕之［2015年9月］「神戸市街を造った影の主役について――関戸由義と関戸慶治の仕事から――」『同前誌』第12巻第1号

◇公文書類

〈福井〉

・松平文庫［福井県立図書館保管］

『姓名録』（福井県立図書館の長野栄俊氏より筆耕したものを御提供いただいた）

『新番格以下　増補雑輩』「関戸良平」

『新番格以下　五』「柳本久兵衛」

『御本丸一橋紀州田安京都江戸大坂大津柏崎』「鈴木三右衛門養子　関戸左一郎

一三人扶持」

『士族　二』「本多勝三郎（消線）貴一」

〈東京〉

・大隈文書［早稲田大学図書館蔵］

『貨幣ノ儀ニ付奉申上候書付』　横浜商人小西屋伝蔵厄介関戸良平・同弁天町五丁目門屋幸之助［明治2年］

『明治三年大蔵省官員録』

・三井家記録文書［三井文庫蔵］

続号51－4『金子借用証下書』（二通）　1870年　紀伊国屋万《ママ》蔵

追号807－16『神戸為替会社人撰書』（一通）　1873年　神戸為替会社

追号1083－1『解社分配詳細簿』（写共二冊）　1874年　神戸為替会社

追号1083－3『神戸元為換会社解社後残品幷請払精算詳細書請渡証書幷目録　請取人元社主総代人、引渡担当人　関戸由義』（一冊）　1879年　関戸由義、三井組代理堀江清六他

追号1096－13『神戸為換会社解社事務担当ニ付協議書幷関戸由蔵《ママ》トノ約定書写』（二通）1874年　田村雄七外二名

追号1097－3『旧神戸為換会社清算ニツキ受払勘定書幷仕払書』（二通）　笹山茶商会ヨリ旧神戸為換会社預ケ金返還請求訴訟一件　1879年　関戸由義

追号1642－4－1『關戸由義關戸左一郎戸籍写』　1884年　三井銀行京都分店

追号1642－4－2『關戸左一郎身分内密取調書』　1884年　三井銀行京都分店

〈兵庫・神戸〉

・兵庫県史料［兵庫県公館県政資料館蔵］

14兵庫県史政治部学校（一～三）『神戸洋学校』
16兵庫県史政治部駅逓（一～四）『郵便局設置』
31兵庫県史政治之部工業第七編『栄町市街設置』
35兵庫県史『官員履歴』
・土地台帳［神戸地方法務局保管］
19『北長狭通四丁目』
20『北長狭通三丁目』
41『三宮町一丁目』
42『三宮町二（一～三四）』
43『三宮町二（三五～終）』
44『三宮町三丁目』
46『下山手通三・四丁目』
・土地台帳［神戸地方法務局伊丹支局保管］
『千軒』／『国崎』／『民田平井』／『銀山』
・摂津國八部郡神戸港各町地図［神戸地方法務局保管］
『下山手通壱丁目地図（朱字ニテ）第参拾二號』
『下山手通貳丁目地図（朱字ニテ）第参拾三號』
『下山手通三丁目地図（朱字ニテ）第参拾四號』
『下山手通四丁目地図（朱字ニテ）第参拾五號』

『下山手通五丁目地図（朱字ニテ）第参拾六號』
『下山手通六丁目地図（朱字ニテ）第参拾七號』
『下山手通七丁目地図（朱字ニテ）第参拾八號』
『中山手通壱丁目地図（朱字ニテ）第四拾號』
『中山手通貳丁目地図（朱字ニテ）第四拾一號』
『中山手通三丁目地図（朱字ニテ）第四拾二號』
『中山手通四丁目地図（朱字ニテ）第四拾三號』
『中山手通五丁目地図（朱字ニテ）第四拾四號』
『中山手通六丁目地図（朱字ニテ）第四拾五號』
『中山手通七丁目一地図（朱字ニテ）第四拾六號』
『中山手通七丁目二地図（朱字ニテ）第四拾七號』
『山本通貳丁目地図（朱字ニテ）第四拾八號』
『山本通三丁目地図（朱字ニテ）第四拾九號』
『山本通四丁目地図（朱字ニテ）第五拾號』

・神戸開港文書［神戸大学附属図書館蔵］

『関戸慶治温泉開拓願之義ニ付伺』提出年月日不明
『関戸慶治所有地図面幷隣地境界表』明治六年一月
『伏願』明治六年二月
『（無題）建屋地所共貸渡約定書』明治八年五月八日

『同右英文』
・神戸開港・居留地・神戸村文書［神戸市立中央図書館蔵］
『山手地所永代貸地の内　英人ジョーゼフ所有の地関戸慶治買受、ジョーゼフ地租前納にて上納済にて戻し方お伺い　地所掛』明治七年一一月
『外国人之貸地租下戻方伺』明治七年一一月
『仕訳書』明治七年一一月
『外国人へ永代貸地　内国人買請ニ付伺』（兵庫県令　神田孝平　内務卿　大久保利通／大蔵卿大隈重信に伺い　明治八年二月／大久保利通の返書　朱書あり　明治八年三月一五日）
『代価請取候儀実正也　然る上はレウエルス・ジヨヲセフ商会所有の地面の通、地券幷権理等書付関戸慶治に譲渡候也』明治七年一一月二四日
『此書面奉願候』（第一区神戸関戸慶治　副戸長　関戸左一郎／兵庫県令　神田孝平殿　明治七年一一月二八日）
・村野山人文書［村野利昭蔵］
『関戸由義書翰』3通

〈川西市・猪名川町〉
・国崎部落有文書
『明治八年六月鉱山稼につき国崎村地所貸借契約書』
・民田自治会文書
『明治八年鉱山稼ニ付民田村字平井賃貸契約書』

『明治八年鉱山稼ニ付民田村山内地所賃貸契約書』
・広芝家文書〔猪名川町教育委員会所蔵〕
『兵庫県管内摂津国川邊郡第十四區銀山街ニ在朱點區域内之地所建屋別紙約定書之通鑛山営業中貸借之圖面』
〈出雲地方〉
・『大字鷺浦・大字鵜峠　鉱山一途　試掘採掘（朱字）自明治十二年度至仝廿九年度』〔出雲市市民文化部文化財課所蔵〕
・『鉱山一途　試掘、採掘ニ関スル諸契約一途其他（朱字）自明治拾七年至明治廿九年』〔出雲市市民文化部文化財課所蔵〕
〈その他〉
・伊藤博文関係文書研究会〔1978年〕『伊藤博文関係文書　六』塙書房収録321「平松時厚」明治（三）年九月二五日（参議宛）
・朝倉治彦〔1981年〕『明治初期官員録・職員録集成　第2～3巻』柏書房
・手塚晃編〔1992年〕『幕末　明治　海外渡航者総覧』（第1巻人物情報編・第2巻人物情報編・第3巻）柏書房
・石橋重吉編〔1942年〕『幕末維新福井名流戸籍調』福井市立図書館
◇第三者日記・書簡・報告・新聞記事等
・松平文庫〔福井県立図書館保管〕

『御用日記』明治五壬申歳正月ヨリ十二月迄
明治五年正月二十八日
・礫川文藻［福井市立郷土歴史博物館保管］
『坐右日簿』
明治十一年一月四日　微雨　1金
同年二月十四日　好晴　2木
・礫川文藻
『第二十三号』
明治十二年九月卅（三十）日　晴雨大風八十度半　5火
・礫川文藻
『坐右日簿』
明治十二年十月二日　小雨六十九度　1木
同年十一月廿五日　陰五十一度　4火
・礫川文藻
『坐右日簿』
明治十三年十月十八日　半晴六十七度半　3月
同年十月廿八日　陰六十五度　4木
同年十一月一日　晴五十七度　1月
同年十一月十二日　陰雨五十三度　2金

同年十一月十六日　晴五十七度　３火
・早矢仕有的関係資料（文書61）［横浜開港資料館架蔵］
曽我直嗣編『故人交友帖』第1～15冊（釈文）
曽我有壬所蔵『名刺帖』丸善株式会社所蔵
・横浜開港資料館編［1991年］『横浜町会所日記　横浜町名主小野兵助の記録』
横浜開港資料普及協会
・喜多文七郎／石阪孝二郎編・刊［1959年］『兵庫津北風家総支配役　喜多文七郎日誌』
・土方久徴・藤島長敏共訳／高市慶雄校訂［1932年］『開国逸史　アメリカ彦蔵自叙傳』
ぐろりあそさえて
・浜田彦蔵著・中川努・山口修訳［1964年］『アメリカ彦蔵自伝（二）』平凡社
・折田年秀［1997年］『折田年秀日記』（第一～三）湊川神社
・W・E・グリフィス著／山下英一訳［1984年］『明治日本体験記』平凡社
・高橋是清口述・上塚司筆録［1976年］『高橋是清自伝』上巻、中公文庫
・天羽英二日記・資料集刊行会編・刊［1990年］『天羽英二日記　第3巻』
・久米邦武編／水澤周訳［2008年］『現代語訳　米欧回覧実記　普及版』（第1巻　アメリカ編）
慶應義塾大学出版会
・日本経営史研究会編［1972年］『五代友厚伝記資料第3巻　鉱山・工業・商社・交通』東洋
経済新報社
・慶應義塾［2001年］『福澤諭吉書簡集　第1巻』岩波書店

「島津復生　明治五年十一月七日」
・慶應義塾［２００１年］『福澤諭吉書簡集　第2巻』岩波書店
「小幡篤次郎　明治十二年十二月十九日」
・慶應義塾［２００１年］『福澤諭吉書簡集　第3巻』岩波書店
「岩崎彌太郎　明治十三年七月六日」
「岩崎彌之助　明治十三年七月六日」
・慶應義塾［２００２年］『福澤諭吉書簡集　第6巻』岩波書店
「田中不二麿　明治二十二年十月十五日」
・慶應義塾福澤研究センター編［１９８６年］『慶應義塾入社帳第一巻』慶應義塾大学出版会
・『神戸又新日報』
明治20年7月27日「私立女子手藝学校」
明治21年8月18日「関戸由義氏死す」
明治21年8月18日・19日「関戸由義死去　關戸左一郎」
明治21年8月22日・23日「會葬者へ御禮　関戸左一郎」
・『神戸新報』１８８１年9月分、１８８２年1～5月分
・*The Hawaiian Gazette*, May 13, May 27, June 17, 1868.

◇県・市・町村史・各種団体史

〈福井〉

・福井県編集・発行［1994年］『福井県史　通史編2　中世』
・福井市編集・発行［1994年］『福井市史　資料編9　近世7』
・福井県編纂・刊行［1996年］『福井県史　通史編4　近世2』
・福井県編集・発行［2002年］『福井県史　年表』

〈神奈川・横浜〉
・神奈川県図書館協会郷土資料編集委員会編［1958年］『神奈川県郷土資料集成』第2輯　開港編収録
「安政六未年開港より　横濱商店時情書　越州屋小左右衛門代　金右衛門」
「安政六年　文久二年　横濱商人録」
・東京大学百年史編集委員会［1984年］『東京大学百年史通史　一』東京大学

〈兵庫・神戸〉
・兵庫県警察史編さん委員会［1972年］『兵庫県警察史　明治・大正編』兵庫県警察本部
・兵庫県立神戸商業高等学校［1978年］『百年史』（財）神商同窓会
・兵庫県史編集専門委員会編［1998年］『兵庫県史　史料編　幕末維新2』兵庫県
・村田誠治編［1898年］『神戸開港三十年史』乾・坤　神戸開港三十年紀念會
・神戸市神戸区編［1919年］『神戸区有財産沿革史』神戸市役所
・神戸市役所編纂・発行［1924年］『神戸市史本編総説』／『神戸市史本編各説』
・神戸市教育史編集委員会［1966年］『神戸市教育史第1集』神戸市教育史刊行委員会
・神戸貿易協会編集・発行［1968年］『神戸貿易協会史』

・神戸女学院百年史編集委員会［１９７６年］『神戸女学院百年史　総説』神戸女学院
・落合重信覆刻・解説［１９７７年］『明治十六年一月調　兵庫県八部郡地誌』後藤書店
・神戸商義社『神戸商義社雑誌』［１８８１年８月20日］第９号／［１８８１年３月10日］第４号／［１８８１年４月20日］第７号／［１８８１年９月19日］第10号／［１８８１年10月19日］第11号／［１８８２年１月10日］第12号／［１８８２年５月20日］第15号

〈大阪〉

・大阪府編纂『鑛業誌』大阪府［１９０３年］『大阪府誌　第３編』思文閣

〈三田市・川西市・猪名川町〉

・三田市総務部総務課市史編さん担当［２０１２年］『三田市史　第２巻　通史編』三田市
・川西市編集・発行［１９７７年］『かわにし』第３巻
・川西市編集・発行［１９８０年］『かわにし』第６巻史料編Ⅲ
・猪名川町編纂・発行［１９９０年］『猪名川町史』第３巻近現代
・猪名川町編纂・発行［１９９１年］『猪名川町史』第４巻史料編

〈出雲・その他〉

・島根県の歴史散歩編集委員会［１９９５年］『新版　島根県の歴史散歩』山川出版
・大社まちかど百花編さん委員会［２００５年］『大社まちかど百花』島根県大社町
・藪田實・妻木宣嗣編［２０１１年］『鷺浦』フィールドワーク報告書
・愛媛県史編さん委員会［１９８８年］『愛媛県史　経済社会５　社会』愛媛県

〈社史・産業史〉

・齋藤精一［1886年7月］「兵庫縣下鑛山概況」『日本鑛業會誌』第17号
・三菱社史刊行会［1980年］『三菱社誌　15』東京大学出版会
第十四巻「是月　摂津國多田鑛山ヲ稼行ス」
・三菱社史刊行会［1980年］『三菱社誌　18』東京大学出版会
第二十巻「十八日　摂津國多田鑛山ヲ堀伴成ニ譲渡シ稼行セシム」
・日本鉱業史料集刊行委員会［1983年］『明治十年内國勧業博覧会出品解説（礦業冶金）』（日本鉱業史料集　第三期　明治篇）白亜書房
・日本鉱業史料集刊行委員会［1984年］吉井亨『坑業要説　四篇（煤坑術）』「日本坑法」幸豹三「日本坑法類纂」（日本鉱業史料集　第五期　明治　下）白亜書房
・郵政省［1971年］『郵政百年史資料　第27巻』［郵政建築史料集］吉川弘文館
・日本水道協会編・刊［1967年］『日本水道史』
・日本銀行調査局編・刊［1974年］『日本金融史資料　昭和編』第35巻
・内閣官報局編［1977年］『法令全書　第一八巻ノ二』［明治18年－2］原書房
・野田正穂・原田勝正・青木栄一編［1980年］『明治期鉄道史資料』（第3巻）日本経済評論社

◇著書・論文・図録・報告等（刊行・発表年順）

・垣貫與祐編・刊［1882年］『豪商神兵湊の魁』［神戸史学会複製1975年］
・福田源三郎［1910年］『越前人物誌　中巻』玉雲堂

・神田乃武編・刊［1910年］『神田孝平略傳』
・本郷直彦［1913年］『神戸権勢史』平野寶盛堂
・伊東榮［1916年］『伊東玄朴傳』元文社
・和久松洞［1925年］『松雲　神田翁』精華會本部
・石河幹明［1932年］『福澤諭吉傳』（第4巻）岩波書店
・益田孝著／長井実編・刊［1939年］『自叙益田孝翁伝』
・小沢清躬［1948年］『蘭学者　川本幸民』川本幸民先生顕彰会
・岡田俊平［1955年］『幕末維新の貨幣政策』森山書店
・武井勇二［1959年］『神戸産業史話（第一巻）』神戸産業史話刊行会
・新日米新聞社編・刊［1961年］『米国日系人百年史』
・福島正夫［1962年］『地租改正の研究』有斐閣
・石坂孝二郎［1963年11月］「ジョゼフ・ヒコと兵庫北風家」神戸史学会『歴史と神戸』第2巻第4号
・村瀬春雄博士記念事業会編［1964年］『村瀬春雄博士の面影』同文館
・読売新聞神戸支局編［1966年］『神戸開港百年』中外書房
・兵庫県教育委員会［1967年］『郷土百人の先覚』
・小葉田淳［1968年］『日本鉱山史の研究』岩波書店
・島根県教育委員会編・刊［1968年］『明治百年島根の百傑』
・宮本又次［1970年］『小野組の研究　前期的資本の興亡過程』［下］大原新生社

・舟沢茂樹［1970年］「福井藩家臣団と藩士の昇進」『福井県地域史研究』創刊号
・菊池寛［1970年］『恩讐の彼方に・忠直卿行状記　他八篇』岩波文庫
・川本裕司・中谷一正［1971年］『近世日本の化学の始祖　川本幸民伝』共立出版
・高垣寅次郎［1972年］『明治初期　日本金融制度史研究』早稲田大学出版部
・本庄榮治郎編［1973年］『神田孝平　研究と史料』清文堂出版
・神戸新聞社［1977年］『海鳴りやまず　神戸近代史の主役たち　第Ⅰ部』神戸新聞出版センター
・牛島秀彦［1978年］『行こかメリケン、帰ろかジャパン　ハワイ移民の100年』サイマル出版会
・緒方富雄［1980年］『緒方洪庵伝』岩波書店
・西松五郎［1980年8月］「『湊川濯餘』と藤田積中」神戸史学会『歴史と神戸』第19巻第4号
・成田謙吉［1981年12月］「福澤諭吉と神戸」神戸市紀要『神戸の歴史』第5号
・司馬遼太郎［1983年］『街道をゆく　神戸・横浜散歩　芸備の道』朝日新聞社
・渡辺礼三［1986年］『ハワイの日本人日系人の歴史　上巻』ハワイ報知社
・吉原健一郎［1986年］「鈴木三右衛門家の江戸町屋敷経営」村上直先生還暦記念出版の会編『日本地域史研究』文献出版
・武田晴人［1987年］『日本産銅業史』東京大学出版会
・吉村昭［1988年］『雪の花』新潮社
・司馬遼太郎［1994年］『「明治」という国家』（上）NHK出版

・横浜開港資料館編［1994年］『横浜商人とその時代』有隣堂
・西澤直子［1994年］「奥平家の資産運用と福澤諭吉――新資料・島津復生宛福澤諭吉書翰を中心として――」慶應義塾福澤研究センター『近代日本研究』第11巻
・鈴木栄樹［1994年］「福澤諭吉と田中不二麿――新資料・田中宛福澤書翰を中心に――」『福澤手帖』第82号
・鈴木正幸・布川清司・藤井譲治［1994年］『兵庫県の教育史』思文閣出版
・道谷卓［1996年］『新・中央区歴史物語』中央区役所
・石井研堂［1997年復刻］『明治事物起源　五』筑摩書房
・島田清［1998年8月］「学制頒布前後の神戸教育界」神戸史談会『神戸史談』271号
・歴史のみえるまちづくり協会編集・発行［2001年］『福井城下町名ガイドブック』
・司馬遼太郎［2001年］『21世紀に生きる君たちへ』世界文化社
・原田環［2001年］「井上角五郎と朝鮮」宮嶋博史・金容徳編『近代交流史と相互認識Ⅰ』慶應義塾大学出版会
・大槻文彦［2004年復刻］『箕作麟祥君伝』（『明治後期産業発達資料』732）竜渓社
・石井紀子「開港地神戸ステーションと漸進的自給論の形成」同志社大学人文科学研究所編［2004年］「アメリカン・ボード宣教師　神戸・大阪・京都ステーションを中心に　1869－1890年」教文館
・神戸外国人居留地研究会［2005年］『神戸と居留地　多文化共生都市の原像』神戸新聞総合出版センター

・山下昌也［2007年］『ヒコの幕末　漂流民ジョセフ・ヒコの生涯』水曜社
・土居晴夫［2007年］『神戸居留地史話』リーブル出版
・熊澤恵里子［2007年］『幕末維新期における教育の近代化に関する研究　近代学校教育の生成過程』風間書房
・鵜飼浩平・足立裕司［2007年］「近代における神戸栄町通界隈の歴史的研究」『平成19年度日本建築学会近畿支部研究報告集』
・横浜タイムトリップ・ガイド制作委員会編［2008年］『横浜タイムトリップ・ガイド』講談社
・一坂太郎［2008年］『ひょうご幕末維新列伝』神戸新聞総合出版センター
・加藤詔士［2009年］「神戸商業講習所と慶應人脈」『福澤手帖』第142号
・福澤諭吉／土橋俊一校訂・校注［2010年］『福翁自伝』講談社
・アルフレッド・アドラー／岸見一郎訳［2010年］『人生の意味の心理学』（上・下）アルテ
・司馬遼太郎［2011年］『胡蝶の夢』（一）～（四）新潮社
・前田章賀［2010年7月］「福沢諭吉に関わる神戸の人々」『神戸史談』306号
・大国正美［2013年］『古地図で見る神戸　昔の風景と地名散歩』神戸新聞総合出版センター
・長野栄俊［2013年］「岡倉天心の父親について」佐々木美帆・椎野晃史・長野栄俊編／芹川貞夫・佐々木美帆・椎野晃史翻訳『生誕150年・没後100年記念　岡倉天心展』福井県立美術館
・松沢裕作［2013年］『町村合併から生まれた日本近代　明治の経験』講談社

・横浜開港資料館・明治学院大学図書館・明治学院歴史資料館編〔2013年〕『宣教医ヘボン　ローマ字・和英辞書・翻訳聖書のパイオニア』横浜市ふるさと歴史財団
・松田裕之〔2014年〕『草莽の湊　神戸に名を刻んだ加納宗七伝』朱鳥社
・青木歳幸〔2014年〕『伊東玄朴』佐賀県立佐賀城本丸歴史館
・猪名川町教育委員会〔2014年3月〕『多田銀銅山遺跡（鉱山地区）詳細調査報告書――役所関連遺跡と生産遺跡の調査――』猪名川町文化財調査報告書5
・海原亮〔2014年〕『江戸時代の医師修業　学問・学統・遊学』吉川弘文館
・三井文庫編集・発行〔2015年〕『史料が語る　三井の歩み　越後屋から三井財閥』吉川弘文館
・園部利彦〔2015年〕『日本の鉱山を巡る《人と近代化遺産》』（上）弦書房
・兵庫県立考古博物館編集・発行〔2015年〕『国史跡　多田銀銅山～銀山攻略　第二巻　役所関連遺跡の調査～』展示解説図録
・吉田兼好／角川書店編〔2015年〕『ビギナーズ・クラシック　日本の古典　徒然草』角川文庫
・小代薫〔2015年3月1日公開〕「神戸開港場における内外人住民の自治活動と近代都市環境の形成に関する研究」神戸大学博士論文
・藤岡真澄〔2015年4月19日〕「明治時代の多田銀銅山と実業家たち」多田銀山史跡保存顕彰会学習会（於：サビエ）
・井澤英二〔2016年12月17日〕「明治時代前期の多田銀銅山」多田銀銅山遺跡調査報告会（於：

生涯学習センター）
・猪名川町教育委員会編集・発行［2016年］『銀山攻略～第三巻　近代の夜明け　明治時代前期の多田銀銅山～』展示解説図録
・熊田忠雄［2016年］『明治を作った密航者たち』祥伝社
・桑畑正樹［2016年］『五代友厚　明治産業維新を始めた志士』高城書房
・高木久史［2016年］『通貨の日本史　無文銀銭、富本銭から電子マネーまで』中公新書
・若松英輔［2016年］『内村鑑三　代表的日本人』NHK出版
・沢山美果子［2016年］『江戸の乳とこども　いのちをつなぐ』吉川弘文館

◇事典・辞典・集成等
・交詢社編・刊［1892年］『日本紳士録　第二版』
・交詢社編・刊［1902年］『日本紳士録』
・日本力行会出版部編纂・発行［1903年］『現今日本名家列傳』
・三田商業研究会［1909年］『慶應義塾出身名流列傳』実業之世界社
・山内直一編［1910年］『兵庫縣人物列傳　第一編』興信社出版部
・のじぎく文庫編・刊［1966年］『兵庫県人物事典　上巻』
・角川日本地名大辞典編纂委員会『角川日本地名大辞典』角川書店
・神戸新聞社出版センター編・刊［1983年］『兵庫県大百科事典』（上・下巻）
・明治ニュース事典編纂委員会・毎日コミュニケーションズ出版部編［1983～86年］『明治

ニュース事典』（第1～8巻）毎日コミュニケーションズ
・岩波書店編集部編・刊［1991年］『近代日本総合年表』第三版
・宇野俊一・小林達雄ほか編［1991年］『日本全史ジャパン・クロニック』講談社
・平凡社地方資料センター［1995年］『島根県の地名』平凡社
・加藤友康ほか編［2001年］『日本史総合年表』吉川弘文館
・棚橋正博・村田裕司編［2004年］『江戸のくらし風俗大事典』柏書房
・富田仁編［2005年］『海を越えた日本人名事典』日外アソシエーツ
・福沢諭吉事典編集委員会［2010年］『福沢諭吉事典　慶應義塾150年資料集別巻2』慶應義塾大学出版会
・宮地正人・佐藤能丸・櫻井良樹編［2011～13年］『明治時代史大辞典』（全四巻）吉川弘文館

［タ行］

［ナ・ハ行］

［マ行］

［ヤ・ラ行］

◇事項索引◇

［ア行］

［カ行］

［サ行］

[サ行]

[タ・ナ行]

[ハ行]

[マ・ヤ・ワ行]

索　引

◇人物索引◇

[ア行]

[カ行]

[著者略歴]
松田 裕之（まつだ ひろゆき）
1958年　大阪市生まれ。
産能短大通信教育課程、放送大学長野学習センター、関西学院大学等で、経営関連ならびに情報通信関連の講義を担当。現在、神戸学院大学経営学部教授。
博士（商学）関西大学。

[主要著書]
『ATT労務管理史論　「近代化」の事例分析』ミネルヴァ書房
『AT＆Tを創った人々　企業労務のイノベーション』日本経済評論社
『電話時代を拓いた女たち　交換手《オペレーター》のアメリカ史』日本経済評論社
『明治電信電話《テレコム》ものがたり　情報通信社会の《原風景》』日本経済評論社
『通信技手の歩いた近代』日本経済評論社
『ドレスを着た電信士マ・カイリー』朱鳥社
『モールス電信士のアメリカ史　IT時代を拓いた技術者たち』日本経済評論社
『格差・貧困・無縁がきた道　米ベストセラー『ジャングル』への旅』朱鳥社
『高島嘉右衛門　横浜政商の実業史』日本経済評論社
『草莽の湊　神戸に名を刻んだ加納宗七伝』朱鳥社

港都神戸を造った男　《怪商》関戸由義の生涯

2017年3月19日　第1刷発行

著　者　松田裕之
発行人　大杉　剛
発行所　株式会社 風詠社
〒553-0001　大阪市福島区海老江5-2-7
ニュー野田阪神ビル4階
Tel 06（6136）8657　http://fueisha.com/
発売元　株式会社 星雲社
〒112-0005 東京都文京区水道1-3-30
Tel 03（3868）3275
印刷・製本　シナノ印刷株式会社

ISBN978-4-434-23148-3 C0023